सशक्त नेतृत्व

महिलाओं के राजनीतिक सशक्तिकरण की रणनीतियाँ

डॉ. मीनाक्षी बंसल

Made with ♥ on the Notion Press Platform
www.notionpress.com

|| समस्त संसार के ज्ञान-प्रेमियों को समर्पित ||

जो सत्य की खोज में, ज्ञान की राह पर अग्रसर हैं।
जिनकी जिज्ञासा कभी थमती नहीं, और जिनका उद्देश्य केवल आत्मविकास ही
नहीं, बल्कि संसार के कल्याण का भी है—यह कृति उन सभी साधकों को सादर
अर्पित है।

क्रम-सूची

क्रम-सूची

प्रार्थना

ॐ भद्रं कर्णेभिः श्रृणुयाम देवाः।
भद्रं पश्येमाक्षभिर्यजत्राः।
स्थिरैरंगैस्तुष्टुवांसस्तनूभिः।
व्यशेम देवहितं यदायुः।
स्वस्ति न इंद्रो वृद्धश्रवाः।
स्वस्ति नः पूषा विश्ववेदाः।
स्वस्ति नस्ताक्ष्यों अरिष्टनेमिः।
स्वस्ति नो बृहस्पतिर्दधातु।
ॐ शांतिः शांतिः शांतिः।

यह मंत्र सार्वभौमिक कल्याण के लिए प्रार्थना है। इसमें विभिन्न देवताओं से सुरक्षा, स्वास्थ्य और सुख के लिए आशीर्वाद की याचना की गई है। यह मंत्र सभी इंद्रियों से शुभ का अनुभव करने और दिव्य उद्देश्य के साथ जीवन जीने के महत्व को रेखांकित करता है।

इंद्र, पूषा, ताक्ष्र्य (गरुड़) और बृहस्पति की कृपा से यह प्रार्थना जीवन में कल्याण और शांति की कामना करती है। अंत में "ॐ शांतिः शांतिः शांतिः" तीन बार दोहराने का अर्थ है - व्यक्तिगत, पर्यावरणीय, और वैश्विक स्तर पर शांति की गहन कामना। यह मंत्र शांति, समृद्धि और सभी प्राणियों के शारीरिक एवं आध्यात्मिक कल्याण के लिए पाठ किया जाता है।

लेखिका के बारे में

डॉ. मीनाक्षी बंसल, जो भारत की राजधानी दिल्ली में जन्मीं, ने अपनी ज़िंदगी कला, शिक्षा, और समाज कल्याण के प्रति गहरी प्रतिबद्धता के साथ बिताई है। विवाह के बाद, उन्होंने अहमदाबाद, गुजरात को अपना नया निवास स्थान बनाया, जहाँ वे प्रेरणा का स्रोत बनकर उभरीं। डॉ. मीनाक्षी न केवल ललित कला की कुशल कलाकार हैं, बल्कि एक प्रतिष्ठित लेखिका, समर्पित समाजसेविका और मनोविज्ञान की विद्वान शोधकर्ता भी हैं। उनका जीवन, विशेष रूप से समाज के वंचित और पिछड़े बच्चों के उत्थान के प्रति समर्पण, सहभागिता और सहानुभूति की शक्ति में उनके गहरे विश्वास का परिचायक है।

अपने प्रारंभिक दिनों से ही मीनाक्षी ने पढ़ने के प्रति एक अदम्य लगन दिखाई। उनके साहित्यिक संसार में नैतिक कहानियाँ, प्रेरणादायक कथाएँ, और जीवन पाठों से परिपूर्ण पौराणिक गाथाएँ शामिल थीं। यह पढ़ने की आदत केवल व्यक्तिगत विकास के लिए नहीं थी, बल्कि छात्रों और सहकर्मियों के विकास के लिए इन कहानियों के सार को साझा करने की इच्छा से प्रेरित थी। वे विशेष रूप से आदि शंकराचार्य, स्वामी विवेकानंद, डॉ. एपीजे अब्दुल कलाम, महामना पंडित मदन मोहन मालवीय, महात्मा गांधी, सरदार वल्लभभाई पटेल, और विनोबा भावे जैसे ऐतिहासिक और आध्यात्मिक नेताओं के जीवन और शिक्षाओं से प्रभावित थीं। उनके विचार और जीवन कथाएँ मीनाक्षी को दृढ़ता, निःस्वार्थता और ज्ञान की खोज के आदर्शों को अपनाने के लिए प्रेरित करती रहीं।

डॉ. मीनाक्षी का मनोविज्ञान में शैक्षणिक और व्यावहारिक योगदान भी उल्लेखनीय है। एक शोधकर्ता के रूप में, उनका ध्यान मानव मन की जटिलता को समझने और मनोवैज्ञानिक कल्याण और सामाजिक समरसता के लिए संभावनाओं को उजागर करने पर केंद्रित रहा है। उनके सामाजिक कार्यों में, वे अपने अकादमिक ज्ञान को समाज के वंचित वर्गों के जीवन में वास्तविक परिवर्तन लाने के लिए उपयोग करती हैं। उनका समाज सेवा का दृष्टिकोण पारंपरिक ज्ञान और आधुनिक मनोवैज्ञानिक पद्धतियों का अनूठा संयोजन है, जो समाज के बहुआयामी मुद्दों का समाधान करता है।

उनकी कलात्मक प्रतिभाएँ, जो उनके विविध कौशल का एक और पहलू हैं, केवल व्यक्तिगत रुचि तक सीमित नहीं हैं। उनकी कला प्रतीकात्मकता और भावनात्मक गहराई से भरपूर होती है, जो उनके दार्शनिक विचारों और सामाजिक चिंताओं को व्यक्त करती है। उनकी रचनाएँ दर्शकों को उनके बुद्धिमत्ता और करुणा की गहराई में झांकने का अवसर प्रदान करती हैं।

कला और समाज विज्ञान के अतिरिक्त, डॉ. मीनाक्षी ने प्राणिक हीलिंग की उपचार कला में भी महारत हासिल की है, जिसे मास्टर चोआ कोक सुई ने विकसित किया था। यह पद्धति, जो शरीर और आभा को ठीक करने के लिए प्राण या जीवन ऊर्जा के उपयोग पर केंद्रित है, न केवल उनके लिए एक व्यक्तिगत खोज रही है, बल्कि दूसरों को उपचार प्रदान करने का एक माध्यम भी है। प्राणिक हीलिंग में उनकी दक्षता विभिन्न प्रकार के ध्यान सिखाने और अभ्यास के साथ पूरी होती है, जो व्यक्तियों और समुदायों में पुनरुत्थान, व्यक्तिगत विकास और समरसता के संवर्धन पर केंद्रित है।

डॉ. मीनाक्षी का जीवन केवल व्यक्तिगत उपलब्धियों की खोज नहीं है, बल्कि समाज के उत्थान और सशक्तिकरण के प्रति समर्पित एक यात्रा है। उनकी विविध रुचियाँ और प्रतिभाएँ—कला, साहित्य, मनोविज्ञान, और उपचार पद्धतियों को जोड़ती हुई—सेवा के एकमात्र पथ पर केंद्रित हैं। वे उन महान हस्तियों की भावना को आत्मसात करती हैं, जिन्होंने उन्हें प्रेरित किया, और अपने कार्यों और शिक्षाओं के माध्यम से उनकी विरासत को आगे बढ़ाती हैं। अपनी पुस्तकों, कला और सामाजिक पहलों के माध्यम से, वे नई पीढ़ी को आत्म-खोज, दृढ़ता और निःस्वार्थता की यात्रा पर चलने के लिए प्रेरित करती हैं।

समाज कल्याण के प्रति उनकी प्रतिबद्धता, विशेष रूप से वंचित बच्चों के उत्थान पर ध्यान केंद्रित करना, शिक्षा और व्यक्तिगत विकास की परिवर्तनकारी क्षमता की उनकी गहरी समझ को दर्शाती है। मनोविज्ञान, कलात्मक संवेदनशीलता और उपचार पद्धतियों के ज्ञान को जोड़कर, डॉ. बंसल ने एक समग्र दृष्टिकोण विकसित किया है जो न केवल तात्कालिक आवश्यकताओं बल्कि समुदायों की दीर्घकालिक भलाई को भी संबोधित करता है।

एक लेखिका के रूप में, डॉ. मीनाक्षी की रचनाएँ प्रेरणादायक अंतर्दृष्टियों,

व्यावहारिक ज्ञान और उनके विस्तृत अध्ययन और जीवन के अनुभवों से लिए गए चिंतनशील विचारों का मिश्रण प्रस्तुत करती हैं। उनकी पुस्तकें उन लोगों के लिए मार्गदर्शिका के रूप में कार्य करती हैं, जो जीवन की जटिलताओं को अनुग्रह, दृढ़ता और उद्देश्य के साथ नेविगेट करना चाहते हैं। अपनी कहानियों के माध्यम से, वे अपने पाठकों को अपने भीतर की गहराइयों का पता लगाने और समाज की सामूहिक भलाई में अर्थपूर्ण योगदान देने के लिए आमंत्रित करती हैं।

डॉ. मीनाक्षी बंसल में हमें एक अद्वितीय कलाकार, विद्वान, उपचारकर्ता और सामाजिक कार्यकर्ता का अद्भुत समन्वय मिलता है। उनका जीवन कार्य आशा का प्रतीक और दुनिया में बदलाव लाने की इच्छा रखने वाले व्यक्तियों के लिए प्रेरणा का स्रोत है। उनकी कहानी सहानुभूति और मानवता की भलाई के प्रति गहरी प्रतिबद्धता से प्रेरित व्यक्तिगत प्रयासों की शक्ति की एक प्रेरक याद दिलाती है। डॉ. मीनाक्षी की विरासत केवल उनके प्रयासों के ठोस परिणामों में नहीं है, बल्कि उस स्थायी जिज्ञासा, सहानुभूति और सेवा की भावना में है, जिसे वे प्रतिपादित करती हैं।

प्रस्तावना

एक ऐसी दुनिया में, जहाँ सत्ता की संरचनाएँ निरंतर बदलती रहती हैं, महिलाओं के लिए राजनीतिक सशक्तिकरण का प्रयास एक अत्यंत महत्वपूर्ण कार्य बना हुआ है।

यह पुस्तक, महिलाओं के नेतृत्व की परिवर्तनकारी शक्ति में गहरी आस्था से प्रेरित होकर, उन महिलाओं के साहस, नवाचार और अडिग दृढ़ता को समर्पित है, जिन्होंने पुरानी व्यवस्थाओं को चुनौती दी है और राजनीतिक परिदृश्य को नया रूप दिया है।

यह पुस्तक केवल रणनीतियों का संग्रह नहीं है; यह एक आह्वान है, महिलाओं को अपनी क्षमता पहचानने, अपनी आवाज़ बुलंद करने और सत्ता के शीर्ष पर अपनी सही जगह का दावा करने के लिए प्रेरित करने वाला एक संदेश है। यह राजनीतिक क्षेत्र की जटिलताओं को समझने, बाधाओं को पार करने और बदलाव के लिए एक आंदोलन खड़ा करने का मार्गदर्शक है।

इस कार्य की प्रेरणा राजनीति में महिलाओं के सामने आने वाली अद्वितीय चुनौतियों और पूर्वाग्रहों की गहरी समझ से उत्पन्न होती है। प्रणालीगत बाधाओं से लेकर गहरे जमे हुए रूढ़िवादी विचारों तक, राजनीतिक नेतृत्व की राह अक्सर महत्वाकांक्षी और प्रतिभाशाली महिलाओं के लिए भी कठिनाईयों से भरी होती है।

फिर भी, इतिहास ऐसे उदाहरणों से भरा पड़ा है जहाँ महिलाओं ने बाधाओं को पार किया, काँच की छतों को तोड़ा और परिवर्तनकारी नेता के रूप में उभरीं।

यह पुस्तक उन कहानियों को उजागर करने, उन महिलाओं की उपलब्धियों का जश्न मनाने और नई पीढ़ी की महिलाओं को इस चुनौती का सामना करने के लिए प्रेरित करने का प्रयास करती है। यह महिलाओं की आवाज़ों की शक्ति, उनके नेटवर्क की ताकत और उनके सामूहिक कार्यों के प्रभाव को प्रमाणित करती है।

इन पन्नों में, आपको राजनीतिक क्षेत्र में मार्गदर्शन के लिए अंतर्दृष्टियाँ, रणनीतियाँ और व्यावहारिक उपकरण मिलेंगे। हम आपके राजनीतिक स्वर की

खोज, मजबूत नेटवर्क बनाने, मनाने की कला में निपुणता हासिल करने और जटिल राजनीतिक संरचनाओं को समझने के महत्व की खोज करेंगे।

हम धन जुटाने की जटिलताओं, प्रभावशाली संदेश तैयार करने और सार्वजनिक भाषण कला में महारत हासिल करने के पहलुओं पर चर्चा करेंगे। हम मीडिया की भूमिका, सहयोग की शक्ति और अगली पीढ़ी को मार्गदर्शन देने के महत्व की भी जांच करेंगे।

यह पुस्तक केवल उन महिलाओं के लिए नहीं है जो राजनीतिक पदों पर कब्जा करने की आकांक्षा रखती हैं। यह उन सभी महिलाओं के लिए है जो अपने समुदायों में बदलाव लाना चाहती हैं, परिवर्तन के लिए आवाज़ उठाना चाहती हैं और भविष्य को आकार देना चाहती हैं। यह कार्यकर्ताओं, आयोजकों, शिक्षकों और उन सभी के लिए है जो महिलाओं के नेतृत्व की परिवर्तनकारी शक्ति में विश्वास रखते हैं।

इस पुस्तक में बताई गई रणनीतियाँ कोई एक ही समाधान नहीं हैं। इन्हें महिलाओं द्वारा अलग-अलग संदर्भों में आने वाली चुनौतियों के अनुसार अनुकूलित और लागू किया जा सकता है।

उद्देश्य यह नहीं है कि सफलता के लिए कोई निश्चित सूत्र दिया जाए, बल्कि महिलाओं को ज्ञान, कौशल और आत्मविश्वास प्रदान करना है ताकि वे अपने राजनीतिक सशक्तिकरण के मार्ग को स्वयं तय कर सकें।

यह पुस्तक एकजुटता और सामूहिक प्रयास के लिए भी एक आह्वान है। राजनीति में महिलाओं के सामने आने वाली चुनौतियाँ व्यक्तिगत समस्याएँ नहीं हैं; ये प्रणालीगत मुद्दे हैं, जिनका समाधान सामूहिक प्रतिक्रिया के माध्यम से ही संभव है।

एक साथ काम करके, एक-दूसरे का समर्थन करके और परिवर्तन के लिए एक आंदोलन खड़ा करके, हम एक समावेशी और समानता पर आधारित राजनीतिक व्यवस्था का निर्माण कर सकते हैं, जहाँ महिलाओं की आवाज़ें सुनी जाती हैं, उनके योगदान को सराहा जाता है और उनके नेतृत्व का सम्मान किया जाता है।

राजनीतिक सशक्तिकरण का यह सफर आसान नहीं है, लेकिन यह आवश्यक है।

दांव ऊँचे हैं, चुनौतियाँ वास्तविक हैं, लेकिन इसके परिणाम बेशकीमती हैं।

अपनी शक्ति को अपनाकर, अपनी आवाज़ को बुलंद करके और एकजुट होकर काम करके, हम एक ऐसी दुनिया बना सकते हैं, जहाँ महिलाएँ केवल शासन न करें, बल्कि एक न्यायपूर्ण और समान समाज के निर्माण में मार्गदर्शन करें।

डॉ. मीनाक्षी बंसल
सामाजिक कार्यकर्ता
अहमदाबाद, गुजरात, भारत

1

अपनी राजनीतिक आवाज़ खोजें

अपनी राजनीतिक आवाज़ खोजना एक एकल घटना नहीं, बल्कि जीवनभर की यात्रा है। यह आत्म-चिंतन से शुरू होती है, आपके जुनून, मूल्यों और उस परिवर्तन को समझने से, जिसे आप दुनिया में देखना चाहते हैं। आपकी आवाज़ अनूठी है, जो आपके अनुभवों, पहचान और जिन समुदायों से आप जुड़े हैं, उनसे आकार लेती है। यह आपकी राजनीतिक पहचान का मूल है, जो आपके कार्यों और निर्णयों का मार्गदर्शन करती है।

पहला कदम यह पहचानना है कि आपकी आवाज़ महत्वपूर्ण है। हर व्यक्ति, चाहे उसका पृष्ठभूमि या अनुभव कोई भी हो, राजनीतिक प्रक्रिया में भाग लेने का अधिकार रखता है। आपका दृष्टिकोण मूल्यवान है, और आपके विचारों में उन निर्णयों को प्रभावित करने की शक्ति है, जो आपके और दूसरों के जीवन को प्रभावित करते हैं। अपनी आवाज़ के प्रभाव को कम न आँकें, भले ही शुरुआत में यह छोटा लगे।

अपने जुनून को पहचानना बेहद महत्वपूर्ण है। कौन-से मुद्दे आपको गहराई से प्रेरित करते हैं? कौन-सी अन्याय की घटनाएँ आपको क्रोधित करती हैं या कार्रवाई के लिए प्रेरित करती हैं? आपका जुनून वह ईंधन है, जो आपको राजनीतिक भागीदारी की चुनौतियों से गुजरने में मदद करेगा। यह आपको अधिक सीखने, बोलने और समाधान की दिशा में काम करने के लिए प्रेरित करेगा। जिन मुद्दों की

आपको परवाह है, उन पर ध्यान केंद्रित करके आपकी आवाज़ और मजबूत और सच्ची बनेगी।

आपके मूल्य आपके विश्व दृष्टिकोण और राजनीतिक विश्वासों को आकार देने वाले मार्गदर्शक सिद्धांत हैं। वे नैतिक कम्पास हैं, जो आपको नैतिक विकल्प बनाने और अपने विश्वासों के लिए खड़े होने में मदद करते हैं। अपने मूल्यों को समझकर, आप अपनी स्थिति को स्पष्टता और दृढ़ता से व्यक्त कर सकते हैं। जब आपके कार्य आपके मूल्यों के साथ मेल खाते हैं, तो आपकी आवाज़ अधिक शक्तिशाली और प्रभावी हो जाती है।

अपने समुदाय के साथ जुड़ना आपकी राजनीतिक आवाज़ खोजने के लिए अनिवार्य है। उन लोगों के साथ समय बिताएँ जो आपके जुनून और मूल्यों को साझा करते हैं। चर्चाओं में भाग लें, बैठकों में शामिल हों, और उन कार्यक्रमों में भाग लें, जहाँ आप दूसरों से सीख सकते हैं और विचारों का आदान-प्रदान कर सकते हैं। रिश्ते बनाकर और सामान्य आधार खोजकर, आप पाएँगे कि आपकी आवाज़ व्यापक दर्शकों के साथ गूँजती है।

शिक्षा आपकी राजनीतिक आवाज़ को विकसित करने की कुंजी है। उन मुद्दों के बारे में जानें, जो आपके लिए मायने रखते हैं, विभिन्न दृष्टिकोणों पर शोध करें, और राजनीतिक प्रणाली की जटिलताओं को समझें। जितना अधिक आप जानकारी प्राप्त करेंगे, उतना ही अधिक आत्मविश्वास आप अपनी राय व्यक्त करने और परिवर्तन की वकालत करने में महसूस करेंगे। विश्वसनीय स्रोतों से जानकारी प्राप्त करें, अपनी धारणाओं को चुनौती दें, और नए विचारों के लिए खुले रहें।

अपनी बात रखना आपकी आवाज़ खोजने का एक प्रभावशाली तरीका है। अपने विचार अपने दोस्तों, परिवार और सहकर्मियों के साथ साझा करें। अपने निर्वाचित अधिकारियों को पत्र लिखें, सार्वजनिक मंचों में भाग लें, और अपने संदेश को बढ़ाने के लिए सोशल मीडिया का उपयोग करें। असहमति व्यक्त करने या वर्तमान व्यवस्था को चुनौती देने से न डरें। जितना अधिक आप अपनी बात कहने का अभ्यास करेंगे, उतनी ही अधिक आपकी आवाज़ मजबूत होगी।

कार्रवाई करना आपकी आवाज़ को वास्तविक दुनिया के प्रभाव में बदलने के लिए आवश्यक है। अभियानों के लिए स्वेच्छा से काम करें, वकालत समूहों में शामिल हों, या स्वयं किसी पद के लिए चुनाव लड़ें। भाग लेकर, आप नीतिगत निर्णयों को सीधे प्रभावित कर सकते हैं और अपने समुदाय में बदलाव ला सकते हैं। यहाँ तक कि छोटी-छोटी कार्रवाइयाँ, जैसे किसी रैली में शामिल होना या अपने प्रतिनिधियों से संपर्क करना, तरंग प्रभाव उत्पन्न कर सकती हैं।

विफलताओं या विरोध से निराश न हों। राजनीतिक क्षेत्र चुनौतीपूर्ण हो सकता है, लेकिन आपकी आवाज़ के लिए लड़ाई करना इसके लायक है। याद रखें कि प्रगति अक्सर धीमी और चरणबद्ध होती है। छोटी जीत का जश्न मनाएँ, गलतियों से सीखें, और बेहतर भविष्य के अपने दृष्टिकोण को कभी न छोड़ें।

अपनी राजनीतिक आवाज़ खोजना एकल प्रयास नहीं है। ऐसे मार्गदर्शक और आदर्श तलाशें, जो आपका मार्गदर्शन कर सकें और समर्थन प्रदान कर सकें। समान विचारधारा वाले व्यक्तियों और संगठनों के साथ गठबंधन बनाकर, आप अपनी सामूहिक आवाज़ों को बढ़ा सकते हैं और स्थायी बदलाव ला सकते हैं।

याद रखें, आपकी राजनीतिक आवाज़ आपके आसपास की दुनिया को आकार देने का एक शक्तिशाली उपकरण है। इसे अपनाएँ, पोषित करें, और इसका उपयोग उस बदलाव की वकालत करने के लिए करें, जिसे आप देखना चाहते हैं। आपकी आवाज़ महत्वपूर्ण है, और राजनीतिक प्रक्रिया में आपकी भागीदारी अधिक न्यायपूर्ण और समान समाज के निर्माण के लिए आवश्यक है।

"मनाना एक कला है, शब्दों और भावनाओं का एक नृत्य। अपने दर्शकों से गहराई से जुड़ें, उनके दिलों को छुएँ, और बेहतर भविष्य के लिए उनका जुनून प्रज्वलित करें। राजनीति की सिम्फनी में, आपका संदेश वह धुन है, जो दिलों और दिमागों को प्रेरित करती है।"

2

नेटवर्क बनाना: संख्या में शक्ति

यह कहावत कि "संख्या में शक्ति है," विशेष रूप से राजनीतिक क्षेत्र में महिलाओं के लिए एक गहरी सच्चाई है। सशक्तिकरण की यात्रा अकेले नहीं की जा सकती। यह एक सामूहिक प्रयास है, आवाज़ों की एक सिम्फनी, जो स्थायी परिवर्तन लाने के लिए तालमेल बिठाती है। नेटवर्क बनाना केवल मेलजोल बढ़ाने का काम नहीं है; यह हमारे प्रभाव को बढ़ाने और हमारे लक्ष्यों को हासिल करने के लिए एक रणनीतिक आवश्यकता है।

महिलाओं के रूप में, हम अक्सर राजनीतिक क्षेत्र में अद्वितीय चुनौतियों और पूर्वाग्रहों का सामना करते हैं। हम प्रणालीगत बाधाओं, रूढ़ियों और निर्णय लेने वाली भूमिकाओं में प्रतिनिधित्व की कमी का सामना कर सकते हैं। मजबूत नेटवर्क बनाने से हमें इन बाधाओं को पार करने में मदद मिलती है, क्योंकि यह समर्थन, मार्गदर्शन और एकजुटता प्रदान करता है। यह एक सुरक्षित स्थान बनाता है, जहाँ हम अपने अनुभव साझा कर सकते हैं, एक-दूसरे से सीख सकते हैं, और राजनीतिक परिदृश्य में सफलता के लिए आवश्यक कौशल विकसित कर सकते हैं।

नेटवर्किंग का मतलब केवल संपर्कों का संग्रह करना नहीं है; यह भरोसे, सम्मान और साझा मूल्यों पर आधारित सच्चे संबंधों को विकसित करना है। यह ऐसे सहयोगियों को खोजने के बारे में है, जो लैंगिक समानता और सामाजिक न्याय के

लिए हमारे जुनून को साझा करते हैं। ये संबंध जानकारी, सलाह और अवसरों के अमूल्य स्रोत हो सकते हैं। ये वे दरवाज़े खोल सकते हैं, जो अन्यथा बंद रहते, और हमारी आवाज़ को सुने जाने के लिए एक मंच प्रदान कर सकते हैं।

नेटवर्क की ताकत उसकी व्यक्तिगत प्रयासों को बढ़ाने की क्षमता में निहित है। जब हम समान विचारधारा वाली महिलाओं के साथ मिलकर काम करते हैं, तो हमारा सामूहिक प्रभाव हमारे व्यक्तिगत योगदानों से कहीं अधिक हो जाता है। हम अपने संसाधनों को साझा कर सकते हैं, अपनी विशेषज्ञता का उपयोग कर सकते हैं, और अपने समर्थकों को जुटाकर सामान्य लक्ष्यों को हासिल कर सकते हैं। साथ मिलकर काम करने से हम परिवर्तन के लिए एक ऐसा आंदोलन बना सकते हैं, जिसे रोका नहीं जा सकता।

ऐसे कई प्रकार के नेटवर्क हैं, जो हमारी राजनीतिक शक्ति को बढ़ाने में मदद कर सकते हैं। पेशेवर नेटवर्क हमें समान क्षेत्रों की महिलाओं से जोड़ते हैं, जो मार्गदर्शन, सहयोग और करियर में उन्नति के अवसर प्रदान करते हैं। राजनीतिक नेटवर्क हमें निर्वाचित अधिकारियों, कार्यकर्ताओं और उन संगठनों से परिचित कराते हैं, जो हमारे प्रिय मुद्दों पर काम कर रहे हैं। सामुदायिक नेटवर्क हमें अपने पड़ोस, स्कूलों और कार्यस्थलों में महिलाओं से जोड़ते हैं, जो बदलाव के लिए एक जमीनी आंदोलन बनाते हैं।

सोशल मीडिया ने नेटवर्क बनाने के तरीके को क्रांतिकारी रूप से बदल दिया है। यह जीवन के हर क्षेत्र की महिलाओं से जुड़ने का एक मंच प्रदान करता है, चाहे उनका भौगोलिक स्थान या पृष्ठभूमि कुछ भी हो। ऑनलाइन समुदाय समर्थन, जानकारी और प्रेरणा के शक्तिशाली स्रोत हो सकते हैं। इन्हें समर्थकों को जुटाने, महत्वपूर्ण मुद्दों के बारे में जागरूकता बढ़ाने और नीति परिवर्तन की वकालत करने के लिए भी उपयोग किया जा सकता है।

सम्मेलनों, कार्यशालाओं और महिलाओं के सशक्तिकरण पर केंद्रित अन्य कार्यक्रमों में भाग लेना नेटवर्क बनाने का एक और प्रभावी तरीका है। ये आयोजन प्रभावशाली महिलाओं से मिलने, नई पहलों के बारे में जानने और संभावित मार्गदर्शकों और सहयोगियों से जुड़ने के अवसर प्रदान करते हैं। ये प्रेरणा और प्रोत्साहन के स्रोत भी हो सकते हैं, जो हमें समानता की हमारी खोज में अकेला न

महसूस करने की याद दिलाते हैं।

मार्गदर्शन नेटवर्क बनाने का एक महत्वपूर्ण पहलू है। एक मार्गदर्शक राजनीतिक भागीदारी की चुनौतियों को पार करते समय हमें दिशा, समर्थन और प्रोत्साहन प्रदान कर सकता है। वे अपने अनुभव साझा कर सकते हैं, सलाह दे सकते हैं और नए अवसरों के द्वार खोल सकते हैं। मार्गदर्शकों की तलाश कर और दूसरों को मार्गदर्शन प्रदान कर, हम सशक्तिकरण का एक गुणकारी चक्र बना सकते हैं।

सहयोग हमारे नेटवर्क के प्रभाव को अधिकतम करने की कुंजी है। मिलकर काम करके, हम अकेले जो कर सकते हैं, उससे कहीं अधिक हासिल कर सकते हैं। हम संसाधनों, विशेषज्ञता और संबंधों को साझा करके जटिल समस्याओं के व्यापक समाधान तैयार कर सकते हैं। सहयोग एक सामुदायिक भावना और साझा उद्देश्य को भी बढ़ावा देता है, जो निरंतर कार्रवाई के लिए एक शक्तिशाली प्रेरक हो सकता है।

नेटवर्क बनाना एक बार का आयोजन नहीं है; यह एक निरंतर प्रक्रिया है। इसके लिए प्रयास, इरादा और रिश्तों में निवेश करने की इच्छा की आवश्यकता होती है। अन्य महिलाओं के साथ सच्चे संबंध विकसित करके, हम एक ऐसा शक्तिशाली नेटवर्क बना सकते हैं, जो हमारी आवाज़ को बढ़ाता है, हमारे प्रभाव को मजबूत करता है और हमें स्थायी परिवर्तन लाने के लिए सशक्त करता है।

याद रखें, संख्या की ताकत हमारे साथ है। मजबूत नेटवर्क बनाकर, हम महिलाओं के सशक्तिकरण के लिए एक ऐसा आंदोलन खड़ा कर सकते हैं, जिसे कोई रोक नहीं सकता। आइए हम एकजुट हों, एक-दूसरे को ऊपर उठाएँ और सभी के लिए एक अधिक न्यायपूर्ण और समान दुनिया बनाने के लिए मिलकर काम करें।

෧෨

"राजनीतिक परिदृश्य एक जटिल भूलभुलैया है, लेकिन ज्ञान और रणनीति से आप इसकी पेचीदगियों को समझ सकते हैं। खेल के नियमों को समझें, गठबंधन बनाएं और अपने प्रभाव का उपयोग स्थायी परिवर्तन लाने के लिए करें। याद रखें, ज्ञान शक्ति है, और शक्ति परिवर्तन की कुंजी है।"

෴

3

मनाने और प्रभाव डालने की कला

मनाने और प्रभाव डालने की कला केवल एक हेरफेर का साधन नहीं है; यह प्रभावी नेतृत्व और वकालत के लिए एक मौलिक कौशल है। राजनीति में महिलाओं के लिए, इस कला में महारत हासिल करना राजनीतिक परिदृश्य की जटिलताओं को समझने, गठबंधन बनाने और सार्थक बदलाव लाने के लिए आवश्यक है। यह दूसरों को हमारे दृष्टिकोण में शामिल करने, हमारी पहलों के लिए समर्थन जुटाने और अंततः दुनिया में बदलाव लाने के बारे में है।

इसके मूल में, मनाने का मतलब लोगों को गहराई से समझने और उनसे जुड़ने से है। यह उनकी ज़रूरतों, मूल्यों और आकांक्षाओं को पहचानने और हमारे संदेश को उनके व्यक्तिगत दृष्टिकोण के अनुसार ढालने के बारे में है। यह हमारे विचार दूसरों पर थोपने के बारे में नहीं है, बल्कि उन्हें हमारी आँखों से दुनिया को देखने और बेहतर भविष्य के लिए हमारे जुनून को साझा करने के लिए आमंत्रित करने के बारे में है।

मनाने में महारत हासिल करने का पहला कदम हमारे श्रोताओं की गहरी समझ विकसित करना है। हम किससे बात करना चाहते हैं? उनकी चिंताएँ, रुचियाँ और प्रेरणाएँ क्या हैं? खुद को उनकी जगह पर रखकर और उनकी दृष्टि से दुनिया को देखकर, हम ऐसे संदेश तैयार कर सकते हैं, जो सीधे उनके दिल और दिमाग तक पहुँचें।

जब हम अपने श्रोताओं को समझ जाते हैं, तो हम अपने संदेश को उनके मूल्यों और विश्वासों के अनुसार ढाल सकते हैं। इसका मतलब यह नहीं है कि हमें अपने सिद्धांतों से समझौता करना चाहिए या अपने संदेश को कमजोर करना चाहिए। इसका मतलब है, हमारी बातों को इस तरह प्रस्तुत करना, जिससे हमारे श्रोता उनसे सहमत महसूस करें। साझा मूल्यों और सामान्य आधार को उजागर करके, हम समझ की पुल बनाकर सहयोग के लिए एक मजबूत नींव रख सकते हैं।

कहानी सुनाना मनाने के लिए एक शक्तिशाली उपकरण है। व्यक्तिगत अनुभव, केस स्टडीज़ और वास्तविक उदाहरणों को साझा करके, हम अपने संदेश को अधिक संबंधित और आकर्षक बना सकते हैं। कहानियाँ भावनाओं को जगाने, संबंध बनाने और कार्यवाही के लिए प्रेरित करने की शक्ति रखती हैं। वे जटिल मुद्दों को सरल और समझने योग्य शब्दों में प्रस्तुत करने में भी मदद करती हैं।

प्रभावी संवाद मनाने के लिए आवश्यक है। हमें अपने संदेश को स्पष्ट, संक्षिप्त और सुसंगत रूप में प्रस्तुत करना होगा। हमें ऐसी भाषा का उपयोग करना होगा, जो आसानी से समझी जा सके, और ऐसे तकनीकी शब्दों या शब्दजाल से बचना होगा, जो हमारे श्रोताओं को दूर कर सकते हैं। हमें अपने विचारों को आत्मविश्वास और जुनून के साथ व्यक्त करना चाहिए, ताकि हमारी दृढ़ता दूसरों को हमारे दृष्टिकोण में विश्वास करने के लिए प्रेरित कर सके।

भरोसा बनाना मनाने के लिए बेहद महत्वपूर्ण है। लोग आमतौर पर किसी ऐसे व्यक्ति से प्रभावित होते हैं, जिस पर वे भरोसा करते हैं और जिसका सम्मान करते हैं। हम भरोसे को ईमानदार, पारदर्शी और अपने शब्दों और कार्यों में लगातार बने रहकर बना सकते हैं। हम अपने मुद्दों के ज्ञान और विशेषज्ञता को प्रदर्शित करके भी भरोसा कायम कर सकते हैं। खुद को विश्वसनीय और भरोसेमंद जानकारी के स्रोत के रूप में स्थापित करके, हम अपने प्रभाव को बढ़ा सकते हैं और दूसरों को हमारे अभियान में शामिल कर सकते हैं।

मनाने का कोई एक तरीका नहीं होता। अलग-अलग लोग अलग-अलग प्रकार के तर्कों और अपीलों पर प्रतिक्रिया देते हैं। कुछ तर्क और कारण से प्रभावित हो सकते हैं, जबकि अन्य भावनात्मक अपील या व्यक्तिगत कहानियों से अधिक प्रभावित

हो सकते हैं। मनाने की विभिन्न शैलियों को समझकर और अपने दृष्टिकोण को अनुकूलित करके, हम अपनी प्रभावशीलता बढ़ा सकते हैं और व्यापक दर्शकों तक पहुँच सकते हैं।

सक्रिय सुनना मनाने का एक महत्वपूर्ण घटक है। दूसरों के दृष्टिकोणों को ध्यानपूर्वक सुनकर, हम उनकी चिंताओं और प्रेरणाओं के बारे में मूल्यवान जानकारी प्राप्त कर सकते हैं। हम उनके विचारों का सम्मान दिखा सकते हैं और संबंध बना सकते हैं। सक्रिय सुनने से हमें सामान्य आधार की पहचान करने और उनके विशिष्ट जरूरतों और रुचियों को संबोधित करने के लिए अपने संदेश को ढालने का अवसर मिलता है।

बातचीत मनाने के लिए एक महत्वपूर्ण कौशल है। राजनीति में, प्रगति हासिल करने के लिए अक्सर समझौते की आवश्यकता होती है। बातचीत और सामान्य आधार खोजने की इच्छा से, हम गठबंधन बना सकते हैं और अपने लक्ष्यों को प्राप्त कर सकते हैं। बातचीत में हमें लचीला और अनुकूल होने की आवश्यकता होती है, स्थिति और हमारे साझेदारों की जरूरतों के आधार पर अपने दृष्टिकोण को समायोजित करने के लिए तैयार रहना चाहिए।

धैर्य मनाने के लिए आवश्यक है। दिल और दिमाग बदलने में समय और प्रयास लगता है। हमें प्रतिरोध, असफलताओं और यहाँ तक कि स्पष्ट विरोध का सामना करना पड़ सकता है। लेकिन अपने लक्ष्यों पर केंद्रित रहकर, अपने प्रयासों में दृढ़ता से काम करते हुए और बेहतर भविष्य के अपने दृष्टिकोण को कभी नहीं छोड़ते हुए, हम बाधाओं को पार कर सकते हैं और स्थायी परिवर्तन प्राप्त कर सकते हैं।

मनाने और प्रभाव डालने की कला एक आजीवन यात्रा है। यह निरंतर सीखने, अभ्यास और परिष्करण की मांग करती है। अपने कौशल को निखारकर, नई परिस्थितियों के अनुकूल होकर और अपनी सफलताओं पर निर्माण करके, हम अपने अभियान के लिए अधिक प्रभावी अधिवक्ता बन सकते हैं और दूसरों को हमारे साथ अधिक न्यायपूर्ण और समान दुनिया बनाने के लिए प्रेरित कर सकते हैं।

"धन उगाहना आपके राजनीतिक आकांक्षाओं का ईंधन है। संबंध बनाएँ, उदारता को प्रेरित करें और अपने स्रोतों में विविधता लाएँ। याद रखें, हर योगदान, चाहे कितना भी छोटा हो, आपके आंदोलन की नींव में एक ईंट है।"

4

राजनीतिक संरचनाओं का संचालन

राजनीतिक संरचनाओं का संचालन करना किसी भी महिला के लिए एक महत्वपूर्ण कौशल है, जो दुनिया में बदलाव लाने की आकांक्षा रखती है। राजनीतिक प्रणाली, चाहे स्थानीय हो, राष्ट्रीय हो या अंतरराष्ट्रीय, परस्पर जुड़ी हुई संस्थाओं, प्रक्रियाओं और व्यक्तियों का एक जटिल जाल है। इन संरचनाओं को समझना और प्रभावी ढंग से उनका संचालन करना हमारी योजनाओं को आगे बढ़ाने, निर्णयकर्ताओं को प्रभावित करने और स्थायी परिवर्तन लाने के लिए अनिवार्य है।

राजनीतिक संरचनाओं का संचालन करने का पहला कदम यह समझना है कि वे कैसे काम करती हैं। इसमें सरकार की विभिन्न शाखाओं, निर्वाचित अधिकारियों की भूमिकाओं और जिम्मेदारियों, विधायी प्रक्रिया और सार्वजनिक भागीदारी के विभिन्न तंत्रों के बारे में जानना शामिल है। इसके अलावा, अनौपचारिक नेटवर्क और शक्ति गतिशीलताओं को समझना भी आवश्यक है, जो अक्सर राजनीतिक निर्णय लेने को आकार देते हैं।

संबंध बनाना राजनीतिक संरचनाओं का संचालन करने का एक महत्वपूर्ण पहलू है। हमें प्रमुख हितधारकों की पहचान करनी होगी, उनके साथ अच्छा तालमेल बनाना होगा, और खुद को विश्वसनीय और भरोसेमंद साझेदार के रूप में स्थापित करना होगा। इसके लिए बैठकों में भाग लेना, कार्यक्रमों में शामिल होना और

निर्वाचित अधिकारियों, सामुदायिक नेताओं और अन्य प्रभावशाली व्यक्तियों के साथ बातचीत करना शामिल है। प्रमुख लोगों के साथ संबंध बनाकर, हम जानकारी प्राप्त कर सकते हैं, निर्णय लेने की प्रक्रिया को प्रभावित कर सकते हैं, और अपने लक्ष्यों का समर्थन करने के लिए गठबंधन बना सकते हैं।

वकालत राजनीतिक संरचनाओं का संचालन करने के लिए एक शक्तिशाली उपकरण है। उन मुद्दों पर बोलकर, जिनकी हमें परवाह है, समर्थकों को जुटाकर और सार्वजनिक संवाद में भाग लेकर, हम जागरूकता बढ़ा सकते हैं, जनमत को आकार दे सकते हैं, और नीतिगत निर्णयों को प्रभावित कर सकते हैं। प्रभावी वकालत में मजबूत तर्क विकसित करना, हमारे संदेश को निर्णयकर्ताओं के लिए प्रासंगिक बनाना, और हमारे उद्देश्य के लिए व्यापक समर्थन बनाना शामिल है।

लॉबिंग राजनीतिक संरचनाओं का संचालन करने के लिए एक और महत्वपूर्ण रणनीति है। निर्वाचित अधिकारियों और उनके कर्मचारियों से मिलकर, उन्हें जानकारी और विश्लेषण प्रदान करके, और अपनी नीतिगत प्राथमिकताओं की वकालत करके, हम विधायी प्रक्रिया को सीधे प्रभावित कर सकते हैं। प्रभावी लॉबिंग में नीति निर्माताओं के साथ संबंध बनाना, उनकी प्राथमिकताओं और सीमाओं को समझना, और उनके मूल्यों और रुचियों के साथ मेल खाते हुए प्रभावशाली तर्क विकसित करना शामिल है।

गठबंधन बनाना हमारी आवाज़ को बढ़ाने और हमारे लक्ष्यों को प्राप्त करने का एक शक्तिशाली तरीका है। अन्य संगठनों और व्यक्तियों के साथ साझेदारी करके, जो हमारे मूल्यों और रुचियों को साझा करते हैं, हम अपने संसाधनों को एकत्रित कर सकते हैं, अपनी विशेषज्ञता का लाभ उठा सकते हैं, और समर्थकों को जुटाकर एक एकीकृत मोर्चा तैयार कर सकते हैं। प्रभावी गठबंधन निर्माण में संभावित साझेदारों की पहचान करना, विश्वास और तालमेल बनाना, और कार्यवाही के लिए एक साझा दृष्टि और रणनीति विकसित करना शामिल है।

जमीनी संगठनात्मकता राजनीतिक संरचनाओं का संचालन करने का एक और महत्वपूर्ण पहलू है। हमारे समुदायों को संगठित करके, प्रत्यक्ष कार्रवाई में भाग लेकर, और बदलाव के लिए एक आंदोलन बनाकर, हम निर्णयकर्ताओं पर दबाव बना सकते हैं और जवाबदेही की माँग कर सकते हैं। प्रभावी जमीनी

संगठनात्मकता में हमारे समर्थकों की पहचान और सक्रिय करना, प्रभावी संवाद और जागरूकता रणनीतियाँ विकसित करना, और निरंतर कार्रवाई के लिए एक स्थायी ढाँचा बनाना शामिल है।

मीडिया का रणनीतिक उपयोग भी राजनीतिक संरचनाओं का संचालन करने के लिए एक आवश्यक उपकरण है। प्रभावशाली कथाएँ तैयार करके, मीडिया कवरेज प्राप्त करके, और सोशल मीडिया का उपयोग करके, हम व्यापक दर्शकों तक पहुँच सकते हैं, जनमत को आकार दे सकते हैं, और राजनीतिक संवाद को प्रभावित कर सकते हैं। प्रभावी मीडिया जुड़ाव में पत्रकारों के साथ संबंध विकसित करना, उनकी ज़रूरतों और रुचियों को समझना, और उन्हें समय पर और सटीक जानकारी प्रदान करना शामिल है।

राजनीतिक संरचनाओं का संचालन धैर्य, दृढ़ता और बदलती परिस्थितियों के अनुकूल होने की इच्छा की माँग करता है। यह एक दीर्घकालिक प्रक्रिया है, जिसमें संबंध बनाना, रणनीतियाँ विकसित करना, और दूसरों के साथ सहयोग करके काम करना शामिल है। राजनीतिक परिदृश्य को समझकर, गठबंधन बनाकर, और प्रभावी वकालत में भाग लेकर, हम स्थायी परिवर्तन ला सकते हैं और एक अधिक न्यायपूर्ण और समान दुनिया बना सकते हैं।

महिलाओं के रूप में, हम राजनीतिक क्षेत्र में अद्वितीय दृष्टिकोण और अनुभव लाते हैं। अपनी ताकतों को अपनाकर, अपने कौशलों का उपयोग करके, और मिलकर काम करके, हम राजनीतिक संरचनाओं का प्रभावी ढंग से संचालन कर सकते हैं और एक अधिक समावेशी और प्रतिनिधि लोकतंत्र का निर्माण कर सकते हैं।

"आपका संदेश आपका हथियार है, दिलों और दिमागों को आकार देने का एक साधन। इसे सावधानीपूर्वक गढ़ें, इसमें जुनून भरें, और इसे दृढ़ विश्वास के साथ प्रस्तुत करें। आपके शब्द आशा का प्रकाशस्तंभ, कार्रवाई का आह्वान और एक बेहतर भविष्य में आपके अडिग विश्वास का प्रमाण बनें।"

5

धन जुटाना: आपके अभियानों के लिए ईंधन

धन जुटाना किसी भी राजनीतिक अभियान की जीवनरेखा है। यह परिवर्तन के इंजन को चलाने वाला ईंधन है, जो हमें मतदाताओं तक पहुँचने, अपने संदेश को फैलाने और अपने उद्देश्य के लिए समर्थन जुटाने में सक्षम बनाता है। राजनीति में महिलाओं के लिए, धन जुटाना एक विशेष चुनौती हो सकता है, क्योंकि हमें अक्सर ऐसी प्रणालीगत बाधाओं और पूर्वाग्रहों का सामना करना पड़ता है, जो समान स्तर पर प्रतिस्पर्धा करने के लिए आवश्यक संसाधनों को जुटाने में कठिनाई पैदा करते हैं। हालांकि, सही रणनीतियों और मानसिकता के साथ, हम इन बाधाओं को पार कर सकते हैं और एक स्थायी धन जुटाने वाला कार्यक्रम बना सकते हैं, जो हमारे अभियानों को सशक्त बनाए और हमें दुनिया में बदलाव लाने में सक्षम करे।

मूल रूप से, धन जुटाना संबंध बनाने और लोगों को हमारे बेहतर भविष्य के दृष्टिकोण में निवेश करने के लिए प्रेरित करने के बारे में है। यह उन व्यक्तियों और संगठनों से जुड़ने के बारे में है, जो हमारे मूल्यों को साझा करते हैं और हमारे बदलाव लाने की क्षमता पर विश्वास करते हैं। यह हमारे संदेश को इस तरह से प्रस्तुत करने के बारे में है, जो दाताओं के साथ गहराई से जुड़ सके और उन्हें हमारे उद्देश्य में योगदान करने के लिए प्रेरित करे।

सफल धन जुटाने वाला कार्यक्रम बनाने का पहला कदम एक स्पष्ट और व्यापक

योजना तैयार करना है। इस योजना में हमारे धन जुटाने के लक्ष्य, लक्षित दर्शक, रणनीतियाँ और समयसीमा शामिल होनी चाहिए। इसमें हमारे अनुमानित खर्च और राजस्व स्रोतों का विवरण देने वाला बजट भी शामिल होना चाहिए। एक अच्छी तरह से परिभाषित योजना होने से, हम सुनिश्चित कर सकते हैं कि हमारे प्रयास केंद्रित, कुशल और प्रभावी हों।

संभावित दाताओं की पहचान करना धन जुटाने का एक महत्वपूर्ण पहलू है। हमें उन व्यक्तियों और संगठनों का शोध करना होगा, जो हमारे उद्देश्य में रुचि रखते हैं और आर्थिक रूप से योगदान करने की क्षमता रखते हैं। इसमें संभावित दाताओं के साथ संबंध बनाना, उन आयोजनों में भाग लेना, जहाँ वे उपस्थित हो सकते हैं, और संभावित संभावनाओं की पहचान करने के लिए ऑनलाइन उपकरणों और संसाधनों का उपयोग करना शामिल है।

दाताओं के साथ संबंध बनाना दीर्घकालिक धन जुटाने की सफलता के लिए आवश्यक है। हमें अपने समर्थकों के साथ सच्चे संबंध विकसित करने, उनके योगदान के लिए धन्यवाद देने और हमारी प्रगति और प्रभाव के बारे में उन्हें जानकारी देने की आवश्यकता है। इसे नियमित संवाद, जैसे समाचार पत्र, ईमेल और सोशल मीडिया अपडेट के माध्यम से किया जा सकता है। यह आयोजनों और सभाओं की मेजबानी करने में भी शामिल हो सकता है, जहाँ दाता हमसे मिल सकते हैं और हमारे काम के बारे में अधिक जान सकते हैं।

हमारे धन जुटाने के स्रोतों को विविध बनाना एक स्थायी कार्यक्रम बनाने के लिए महत्वपूर्ण है। हमें धन के एक ही स्रोत पर निर्भर नहीं होना चाहिए, क्योंकि इससे हम अर्थव्यवस्था में उतार-चढ़ाव या दाताओं की प्राथमिकताओं में बदलाव के प्रति संवेदनशील हो सकते हैं। इसके बजाय, हमें धन के स्रोतों का एक विविध पोर्टफोलियो बनाने का प्रयास करना चाहिए, जिसमें व्यक्तिगत दाता, फाउंडेशन, कॉर्पोरेट और राजनीतिक कार्य समिति शामिल हों।

प्रौद्योगिकी का उपयोग धन जुटाने के लिए एक शक्तिशाली उपकरण हो सकता है। ऑनलाइन प्लेटफ़ॉर्म और सोशल मीडिया का उपयोग व्यापक दर्शकों तक पहुँचने, संभावित दाताओं को शामिल करने और ऑनलाइन दान को सुविधाजनक बनाने के लिए किया जा सकता है। हम अपने धन जुटाने की प्रगति को ट्रैक करने,

रुझानों की पहचान करने और अपनी रणनीतियों को परिष्कृत करने के लिए डेटा विश्लेषण का उपयोग भी कर सकते हैं।

धन जुटाने में नैतिकता पर विचार सर्वोपरि हैं। हमें हमेशा उच्चतम स्तर की अखंडता और पारदर्शिता का पालन करना चाहिए। इसका मतलब है कि हमारे धन जुटाने की प्रथाओं का खुलासा करना, यह सुनिश्चित करना कि सभी दान उनके इच्छित उद्देश्य के लिए उपयोग किए जाएँ, और किसी भी हितों के टकराव से बचना। नैतिक प्रथाओं को बनाए रखते हुए, हम अपने दाताओं के साथ विश्वास बना सकते हैं और अपने धन जुटाने के कार्यक्रम की दीर्घकालिक स्थिरता सुनिश्चित कर सकते हैं।

धन जुटाना केवल धन माँगने के बारे में नहीं है; यह बदलाव के लिए एक आंदोलन बनाने के बारे में है। अपने समर्थकों को शामिल करके, अपने दृष्टिकोण को साझा करके और उन्हें हमारे उद्देश्य में निवेश करने के लिए प्रेरित करके, हम अधिवक्ताओं का एक शक्तिशाली नेटवर्क बना सकते हैं, जो हमारी सफलता के लिए प्रतिबद्ध हैं। यह नेटवर्क न केवल वित्तीय सहायता प्रदान कर सकता है, बल्कि मूल्यवान संसाधन, संबंध और विशेषज्ञता भी प्रदान कर सकता है।

राजनीति में महिलाओं के रूप में, हमारे पास अन्य महिलाओं को राजनीतिक प्रक्रिया में शामिल होने के लिए प्रेरित करने और सशक्त बनाने का एक अनूठा अवसर है। अपनी कहानियों को साझा करके, अपनी उपलब्धियों को उजागर करके और अपने काम के प्रभाव को प्रदर्शित करके, हम अन्य महिलाओं को हमारे अभियानों में दान करने, अपना समय देने और यहाँ तक कि स्वयं चुनाव लड़ने के लिए प्रेरित कर सकते हैं।

धन जुटाना हमेशा आसान नहीं होता, लेकिन यह हमारे लक्ष्यों को प्राप्त करने और दुनिया में बदलाव लाने के लिए आवश्यक है। एक व्यापक योजना तैयार करके, दाताओं के साथ संबंध बनाकर, हमारे धन स्रोतों को विविध बनाकर और प्रौद्योगिकी का प्रभावी ढंग से उपयोग करके, हम एक स्थायी धन जुटाने वाला कार्यक्रम बना सकते हैं, जो हमारे अभियानों को ईंधन देता है और हमें एक अधिक न्यायपूर्ण और समान समाज बनाने के लिए सशक्त करता है।

"सार्वजनिक भाषण संवाद की कला है, आपकी दृष्टि और आपके दर्शकों के दिलों के बीच एक पुल। अपनी घबराहट को अपनाएँ, अपनी ऊर्जा को दिशा दें, और अपनी आवाज़ को प्रामाणिकता के साथ गूँजने दें। याद रखें, आपके शब्दों में प्रेरणा, प्रेरित करने और बदलाव की चिंगारी पैदा करने की शक्ति है।"

6

प्रभावशाली संदेश तैयार करना

प्रभावशाली संदेश तैयार करना एक कला और विज्ञान है, जो तत्त्व और शैली, तर्क और भावना के बीच एक संतुलन साधता है। राजनीति के क्षेत्र में, जहाँ विचारों का टकराव और मतों की भरमार होती है, एक प्रभावशाली संदेश प्रस्तुत करने की क्षमता जीत और हार के बीच अंतर पैदा कर सकती है। महिलाओं के लिए, जो अक्सर अद्वितीय चुनौतियों और पूर्वाग्रहों का सामना करती हैं, इस कौशल में महारत हासिल करना शोर के बीच अपनी बात रखने, मतदाताओं से जुड़ने और बदलाव के लिए आंदोलन बनाने के लिए आवश्यक है।

मूल रूप से, प्रभावशाली संदेश वह है, जो लोगों से गहराई से जुड़ता है, उनकी आशाओं और चिंताओं को छूता है और उन्हें कार्रवाई के लिए प्रेरित करता है। यह एक ऐसा संदेश है, जो स्पष्ट, संक्षिप्त और यादगार हो, जो मतदाताओं के दिमाग में लंबे समय तक बना रहे। यह उनके मूल्यों को संबोधित करता है, उनकी चिंताओं पर ध्यान देता है और बेहतर भविष्य का दृष्टिकोण प्रस्तुत करता है।

एक प्रभावशाली संदेश तैयार करने का पहला कदम हमारे मूल्यों और प्राथमिकताओं की पहचान करना है। हम किन बातों के लिए खड़े हैं? कौन-से मुद्दे हमारे लिए सबसे अधिक महत्वपूर्ण हैं? हम दुनिया में किस प्रकार का बदलाव देखना चाहते हैं? अपने मूल्यों और प्राथमिकताओं को स्पष्ट करके, हम एक ऐसा संदेश विकसित करना शुरू कर सकते हैं, जो प्रामाणिक, सुसंगत और प्रभावशाली

हो।

जब हम अपना मुख्य संदेश निर्धारित कर लेते हैं, तो हमें इसे अपने लक्षित दर्शकों के लिए अनुकूल बनाना होगा। हम किस तक पहुँचना चाहते हैं? उनकी चिंताएँ, रुचियाँ और मूल्य क्या हैं? अपने श्रोताओं को समझकर, हम अपने संदेश को इस तरह प्रस्तुत कर सकते हैं, जो उनकी ज़रूरतों और आकांक्षाओं से सीधे जुड़ता हो। हम ऐसी भाषा का उपयोग कर सकते हैं, जो उन्हें संबंधित लगे, और जटिल शब्दजाल या तकनीकी शब्दों से बच सकते हैं, जो उन्हें दूर कर सकते हैं।

कहानी सुनाना प्रभावशाली संदेश तैयार करने के लिए एक शक्तिशाली उपकरण है। व्यक्तिगत अनुभव, केस स्टडीज़ और वास्तविक जीवन के उदाहरणों को साझा करके, हम अपने संदेश को अधिक संबंधित और आकर्षक बना सकते हैं। कहानियाँ भावनाएँ जगाने, संबंध बनाने और कार्रवाई को प्रेरित करने की शक्ति रखती हैं। वे जटिल मुद्दों को सरल और समझने योग्य शब्दों में प्रस्तुत करने में भी मदद करती हैं।

दोहराव प्रभावशाली संदेश तैयार करने का एक और महत्वपूर्ण तत्व है। विभिन्न प्लेटफार्मों और माध्यमों में अपने मुख्य संदेश को लगातार दोहराकर, हम इसे मतदाताओं के दिमाग में मजबूती से स्थापित कर सकते हैं। हम अपने संदेश के विभिन्न संस्करणों का उपयोग इसे नया और आकर्षक बनाए रखने के लिए कर सकते हैं, लेकिन यह सुनिश्चित करना चाहिए कि मुख्य संदेश हमेशा स्पष्ट और सुसंगत रहे।

एक प्रभावशाली संदेश सकारात्मक और आशावादी होना चाहिए। जबकि हमारे सामने आने वाली चुनौतियों को स्वीकार करना महत्वपूर्ण है, हमें समाधानों पर ध्यान केंद्रित करना चाहिए और बेहतर भविष्य का दृष्टिकोण प्रस्तुत करना चाहिए। सकारात्मक संदेश आशा और आशावाद को प्रेरित कर सकता है, जबकि नकारात्मक संदेश निराशा और उदासीनता को जन्म दे सकता है।

हास्य का उपयोग भी प्रभावशाली संदेश तैयार करने में सहायक हो सकता है। एक सही समय पर सुनाया गया चुटकुला या हास्यपूर्ण अनुभव बर्फ तोड़ सकता है, लोगों को सहज बना सकता है और हमारे संदेश को और अधिक यादगार बना

सकता है। हालाँकि, हमें हास्य का विवेकपूर्ण उपयोग करना चाहिए और किसी भी ऐसी बात से बचना चाहिए, जो मतदाताओं को आहत या अलग-थलग कर सकती है।

एक प्रभावशाली संदेश हमारे कार्यों के साथ सुसंगत होना चाहिए। हमारे शब्दों को हमारे कार्यों से मेल खाना चाहिए। यदि हम किसी विशेष मुद्दे के लिए लड़ने का वादा करते हैं, तो हमें ठोस कार्रवाई के साथ इसे पूरा करना होगा। यह मतदाताओं के साथ विश्वसनीयता और विश्वास बनाएगा और हमारे संदेश की शक्ति को सुदृढ़ करेगा।

आज के डिजिटल युग में, सोशल मीडिया प्रभावशाली संदेश तैयार करने और उन्हें प्रसारित करने में एक महत्वपूर्ण भूमिका निभाता है। हम सोशल मीडिया का उपयोग व्यापक दर्शकों तक पहुँचने, मतदाताओं के साथ जुड़ने और समर्थकों का एक समुदाय बनाने के लिए कर सकते हैं। हम यह देखने के लिए विभिन्न संदेशों का परीक्षण भी कर सकते हैं कि हमारा लक्षित दर्शक किस पर सबसे अधिक प्रतिक्रिया देता है।

प्रभावशाली संदेश तैयार करना एक सतत प्रक्रिया है। हमें लगातार अपने संदेश का मूल्यांकन करना, प्रतिक्रिया के आधार पर इसे परिष्कृत करना और बदलती परिस्थितियों के अनुसार इसे अनुकूलित करना चाहिए। अपने मतदाताओं की ज़रूरतों और चिंताओं के प्रति संवेदनशील बने रहकर, हम यह सुनिश्चित कर सकते हैं कि हमारा संदेश प्रासंगिक और प्रभावशाली बना रहे।

राजनीति में महिलाओं के रूप में, हमारे पास एक अनूठा दृष्टिकोण और एक शक्तिशाली आवाज़ है। ऐसे प्रभावशाली संदेश तैयार करके, जो मतदाताओं से जुड़ें, हम कार्रवाई को प्रेरित कर सकते हैं, बदलाव के लिए एक आंदोलन बना सकते हैं और सभी के लिए एक अधिक न्यायपूर्ण और समान दुनिया बना सकते हैं।

༄

"मीडिया एक दोधारी तलवार हो सकता है, जो या तो आपकी बात को बढ़ा सकता है या उसे विकृत कर सकता है। रणनीतिक रहें, संबंध बनाएं और अपनी कहानी पर नियंत्रण रखें। याद रखें, आपकी छवि आपका ब्रांड है, और आपका ब्रांड आपकी विरासत है।"

7

सार्वजनिक भाषण में निपुणता प्राप्त करना

सार्वजनिक भाषण में निपुणता प्राप्त करना किसी भी महिला के लिए एक परिवर्तनकारी यात्रा है, जो नेतृत्व, प्रभाव डालने या वकालत करने की आकांक्षा रखती है। यह केवल दर्शकों के सामने खड़े होकर भाषण देने से अधिक है। यह लोगों से गहराई से जुड़ने, उन्हें कार्रवाई के लिए प्रेरित करने और एक स्थायी प्रभाव छोड़ने के बारे में है। विशेष रूप से महिलाओं के लिए, जो सामाजिक बाधाओं और पूर्वाग्रहों का सामना कर सकती हैं, मजबूत सार्वजनिक भाषण कौशल विकसित करना विश्वसनीयता स्थापित करने, अपनी आवाज़ों को बुलंद करने और अपने लक्ष्यों को प्राप्त करने के लिए आवश्यक है।

सार्वजनिक भाषण का मूल उद्देश्य संवाद करना है—अपने विचारों, भावनाओं और जानकारी को इस तरह से प्रस्तुत करना, जो आपके श्रोताओं से जुड़ सके। यह श्रोताओं के साथ एक जुड़ाव बनाने, विश्वास स्थापित करने और उन्हें अपने दृष्टिकोण को साझा करने के लिए प्रेरित करने के बारे में है। प्रभावी सार्वजनिक भाषण तैयारी, तकनीक और मानसिकता का एक संयोजन है।

एक सफल भाषण देने के लिए तैयारी महत्वपूर्ण है। यह गहन शोध और आपके विषय की समझ के साथ शुरू होती है। अपने विषय में पूरी तरह निपुण होना आपको आत्मविश्वास और अधिकार के साथ बोलने की अनुमति देता है। यह आपको संभावित सवालों या आपत्तियों का अनुमान लगाने और उन्हें संबोधित

करने में भी सक्षम बनाता है।

एक अच्छी संरचना वाला भाषण तैयार करना श्रोताओं को संलग्न और केंद्रित रखने के लिए आवश्यक है। एक स्पष्ट प्रस्तावना, जो ध्यान आकर्षित करती है, एक सुव्यवस्थित मुख्य भाग, जो आपके मुख्य बिंदुओं को तार्किक रूप से प्रस्तुत करता है, और एक प्रभावशाली निष्कर्ष, जो स्थायी छाप छोड़ता है, सफल भाषण के सभी महत्वपूर्ण घटक हैं।

अभ्यास आपके प्रदर्शन को निखारने के लिए आवश्यक है। अपने भाषण का कई बार अभ्यास करना आपको सामग्री से परिचित कराता है, किसी भी खामियों को दूर करता है और एक स्वाभाविक प्रवाह विकसित करता है। यह आपको अपनी डिलीवरी में सुधार के क्षेत्रों को पहचानने का अवसर भी देता है, जैसे गति, स्वर और शारीरिक भाषा।

घबराहट पर काबू पाना कई सार्वजनिक वक्ताओं के लिए, विशेष रूप से महिलाओं के लिए, एक सामान्य चुनौती है, जो अतिरिक्त जांच और दबाव का सामना कर सकती हैं। हालांकि, घबराहट को प्रबंधित करने के लिए कई तकनीकें हैं, जैसे गहरी साँस लेने का अभ्यास, कल्पना करना, और सकारात्मक आत्म-वार्ता। याद रखें, सबसे अनुभवी वक्ता भी प्रस्तुति से पहले कुछ हद तक घबराहट महसूस करते हैं। कुंजी उस ऊर्जा को सकारात्मक, आकर्षक प्रदर्शन में बदलने की है।

श्रोताओं से जुड़ना सार्थक प्रभाव पैदा करने के लिए आवश्यक है। नेत्र संपर्क, चेहरे के भाव और हाव-भाव आपको अपने श्रोताओं के साथ जुड़ाव बनाने में मदद कर सकते हैं। समावेशी भाषा का उपयोग करना और जटिल शब्दजाल से बचना आपके संदेश को अधिक सुलभ और संबंधित बना सकता है। हास्य भी जुड़ाव बनाने और आपके श्रोताओं को संलग्न रखने के लिए एक शक्तिशाली उपकरण हो सकता है।

स्वर की विविधता सार्वजनिक भाषण का एक और महत्वपूर्ण पहलू है। अपनी पिच, स्वर और गति को बदलने से आप प्रमुख बिंदुओं पर जोर दे सकते हैं, भावनाओं को व्यक्त कर सकते हैं और अपने श्रोताओं की रुचि बनाए रख सकते हैं। एकसमान स्वर जल्दी ही श्रोताओं को बोर कर सकता है, जबकि एक गतिशील

प्रस्तुति उन्हें आकर्षित कर सकती है और आपके संदेश को यादगार बना सकती है।

प्रभावी कहानी कहना आपके श्रोताओं को संलग्न करने और आपके संदेश को अधिक प्रभावशाली बनाने का एक शक्तिशाली तरीका हो सकता है। व्यक्तिगत अनुभव, केस स्टडी, या वास्तविक जीवन के उदाहरण साझा करके, आप अपने बिंदुओं को स्पष्ट कर सकते हैं, अपने श्रोताओं से भावनात्मक स्तर पर जुड़ सकते हैं और अपने संदेश को अधिक यादगार बना सकते हैं।

दृश्य सामग्री, जैसे स्लाइड, चार्ट या चित्र, आपके प्रस्तुति को बेहतर बना सकती है और जटिल जानकारी को अधिक सुलभ बना सकती है। हालांकि, दृश्य सामग्री का उपयोग संयम से करना महत्वपूर्ण है और यह सुनिश्चित करना कि वे आपके संदेश का समर्थन करें, बजाय इसके कि ध्यान भटकाएँ।

सक्रिय सुनना सार्वजनिक भाषण का एक महत्वपूर्ण कौशल है। अपने श्रोताओं की प्रतिक्रियाओं पर ध्यान देना और उसके अनुसार अपनी डिलीवरी को समायोजित करना यह सुनिश्चित करने में मदद कर सकता है कि आपका संदेश प्रभावशाली हो। यह आपके श्रोताओं के प्रति सम्मान भी प्रदर्शित करता है और आपको उनसे जुड़ने में मदद करता है।

प्रश्न-उत्तर सत्र आपके श्रोताओं के साथ जुड़ने, अपने संदेश को स्पष्ट करने और किसी भी चिंता या आपत्तियों को संबोधित करने का एक मूल्यवान अवसर हो सकता है। संभावित सवालों के लिए तैयारी और अपने उत्तरों का अभ्यास करने से आपको अधिक आत्मविश्वास और तैयार महसूस करने में मदद मिल सकती है।

सार्वजनिक भाषण में निपुणता प्राप्त करना सीखने और विकास की एक सतत यात्रा है। प्रतिक्रिया को अपनाकर, मार्गदर्शन प्राप्त करके और लगातार अपने कौशल का अभ्यास करके, आप एक अधिक आत्मविश्वासपूर्ण और प्रभावी संवाददाता बन सकते हैं। याद रखें, सार्वजनिक भाषण केवल भाषण देने के बारे में नहीं है; यह दूसरों को प्रेरित करने, बदलाव लाने और एक स्थायी विरासत छोड़ने के बारे में है।

राजनीति में महिलाओं के लिए, सार्वजनिक भाषण बाधाओं को तोड़ने, रूढ़ियों को चुनौती देने और अपनी आवाज़ों को बुलंद करने के लिए एक शक्तिशाली उपकरण है। इस कौशल में निपुण होकर, महिलाएँ अधिक प्रभावशाली नेता, वकील और बदलाव लाने वाली बन सकती हैं।

"प्रामाणिकता आपकी सबसे बड़ी ताकत है, एक ऐसी सच्चाई का प्रकाशस्तंभ, जो बनावट की दुनिया में चमकता है। अपनी विशिष्टता को अपनाएँ, अपने मूल्यों के साथ नेतृत्व करें और अपनी सच्चाई से दूसरों को प्रेरित करें। याद रखें, सच्चा नेतृत्व भीड़ में फिट होने के बारे में नहीं है; यह अलग खड़े होने के बारे में है।"

8

मीडिया: मित्र या शत्रु?

मीडिया, जो जनमत को आकार देने और राजनीतिक संवाद को प्रभावित करने में एक शक्तिशाली शक्ति है, राजनीति में महिलाओं के लिए मित्र और शत्रु दोनों हो सकता है। यह हमारी आवाज़ों को बुलंद करने, हमारी उपलब्धियों को उजागर करने और हमारे एजेंडे को बढ़ावा देने का एक मंच हो सकता है। हालांकि, यह हानिकारक रूढ़ियों को बढ़ावा देने, हमारी विश्वसनीयता को कमजोर करने और हमारे संदेश को तोड़ने-मरोड़ने का काम भी कर सकता है। इस जटिल रिश्ते को समझदारी से संभालने के लिए एक रणनीतिक दृष्टिकोण, मीडिया परिदृश्य की गहरी समझ और पत्रकारों के साथ अपनी शर्तों पर जुड़ने की इच्छा आवश्यक है।

राजनीतिक सशक्तिकरण की हमारी यात्रा में मीडिया एक शक्तिशाली सहयोगी हो सकता है। यह महिलाओं के लिए महत्वपूर्ण मुद्दों, जैसे लैंगिक समानता, प्रजनन अधिकार, और आर्थिक न्याय पर ध्यान केंद्रित कर सकता है। यह महिला नेताओं की उपलब्धियों को प्रदर्शित कर सकता है, दूसरों को उनके नक्शेकदम पर चलने के लिए प्रेरित कर सकता है। यह महिलाओं को अपनी कहानियाँ, दृष्टिकोण, और अनुभव साझा करने का एक मंच भी प्रदान कर सकता है, रूढ़ियों को चुनौती दे सकता है और सार्वजनिक संवाद को व्यापक बना सकता है।

हालांकि, मीडिया एक कठोर शत्रु भी हो सकता है। यह महिलाओं के बारे में हानिकारक रूढ़ियों को बढ़ावा दे सकता है, उन्हें भावनात्मक, अव्यवहारिक या नेतृत्व भूमिकाओं के लिए अयोग्य के रूप में प्रस्तुत कर सकता है। यह हमारी उपस्थिति, व्यक्तिगत जीवन और पारिवारिक स्थिति पर ध्यान केंद्रित कर

सकता है, बजाय इसके कि हमारी योग्यताओं और उपलब्धियों को उजागर करे। यह नकारात्मक कहानियों या विवादों को असंगत रूप से अधिक ध्यान दे सकता है, जिससे हमारी विश्वसनीयता कमजोर हो सकती है और हमारे संदेश से ध्यान भटक सकता है।

सोशल मीडिया के उदय ने राजनीति में महिलाओं और मीडिया के बीच संबंधों को और अधिक जटिल बना दिया है। एक तरफ, सोशल मीडिया महिलाओं को मतदाताओं से जुड़ने, अपना संदेश साझा करने और समर्थकों का एक समुदाय बनाने के लिए एक शक्तिशाली मंच प्रदान करता है। दूसरी ओर, यह गलत सूचना, उत्पीड़न और दुर्व्यवहार के लिए भी एक प्रजनन स्थल बन सकता है, जो महिलाओं और अल्पसंख्यकों को असमान रूप से लक्षित करता है।

इस जटिल परिदृश्य को नेविगेट करने के लिए, राजनीति में महिलाओं को मीडिया के साथ जुड़ने के लिए एक रणनीतिक दृष्टिकोण विकसित करना होगा। इसमें पत्रकारों के साथ संबंध बनाना, उनकी ज़रूरतों और रुचियों को समझना और उन्हें समय पर और सटीक जानकारी प्रदान करना शामिल है। इसमें सार्वजनिक भावनाओं के साथ गूँजने वाले आकर्षक कथानक तैयार करना, सोशल मीडिया का प्रभावी ढंग से उपयोग करना और नकारात्मक कवरेज का सक्रिय और रचनात्मक तरीके से जवाब देना भी शामिल है।

पत्रकारों के साथ संबंध बनाना सकारात्मक मीडिया कवरेज सुनिश्चित करने के लिए महत्वपूर्ण है। इसमें उन पत्रकारों की पहचान करना शामिल है, जो हमारे प्रिय मुद्दों को कवर करते हैं, उन्हें कहानी विचारों के साथ संपर्क करना और उन्हें जानकारी और स्रोतों तक पहुँच प्रदान करना शामिल है। खुद को विश्वसनीय और भरोसेमंद स्रोत के रूप में स्थापित करके, हम समाचार कहानियों और राय लेखों में चित्रित होने की अपनी संभावनाओं को बढ़ा सकते हैं।

आकर्षक कथाएँ तैयार करना मीडिया का ध्यान आकर्षित करने और जनमत को आकार देने के लिए आवश्यक है। इसमें उन मुख्य संदेशों की पहचान करना शामिल है, जिन्हें हम संप्रेषित करना चाहते हैं, उन्हें इस तरह से प्रस्तुत करना, जो जनता से गूँज सके, और हमारे संदेश को अधिक संबंधित और आकर्षक बनाने के लिए कहानी कहने की तकनीकों का उपयोग करना शामिल है। इसमें हमारे

लक्ष्यों, लक्षित दर्शकों और रणनीति की रूपरेखा तैयार करने वाली एक स्पष्ट और संक्षिप्त मीडिया रणनीति विकसित करना भी शामिल है।

सोशल मीडिया का प्रभावी उपयोग मीडिया जुड़ाव का एक और महत्वपूर्ण पहलू है। सोशल मीडिया प्लेटफॉर्म का उपयोग व्यापक दर्शकों तक पहुँचने, मतदाताओं के साथ जुड़ने और समर्थकों का एक समुदाय बनाने के लिए किया जा सकता है। हालाँकि, सोशल मीडिया का रणनीतिक रूप से उपयोग करना, गुणवत्ता पर ध्यान केंद्रित करना और यह सुनिश्चित करना कि हमारा संदेश विभिन्न प्लेटफार्मों पर सुसंगत हो, महत्वपूर्ण है।

नकारात्मक कवरेज का जवाब देना एक नाजुक लेकिन महत्वपूर्ण कार्य है। नकारात्मक कहानियों या हमलों की उपेक्षा करना हानिकारक हो सकता है, क्योंकि इससे गलत सूचना फैल सकती है और हमारी प्रतिष्ठा को नुकसान हो सकता है। हालाँकि, आक्रामक या रक्षात्मक तरीके से प्रतिक्रिया देना भी उलटा पड़ सकता है। इसके बजाय, हमें शांत और मापा तरीके से जवाब देना चाहिए, किसी भी तथ्यात्मक अशुद्धियों को सुधारना चाहिए, हमारी सकारात्मक उपलब्धियों को उजागर करना चाहिए और हमारे संदेश पर ध्यान केंद्रित करना चाहिए।

मीडिया राजनीति में महिलाओं के लिए एक शक्तिशाली उपकरण हो सकता है, लेकिन इसके प्रति सावधानी और रणनीति के साथ संपर्क करना महत्वपूर्ण है। मीडिया परिदृश्य को समझकर, पत्रकारों के साथ संबंध बनाकर, आकर्षक कथानक तैयार करके और सोशल मीडिया का प्रभावी ढंग से उपयोग करके, हम मीडिया की शक्ति का उपयोग अपनी आवाज़ों को बुलंद करने, अपने एजेंडे को बढ़ावा देने और अपने लक्ष्यों को प्राप्त करने के लिए कर सकते हैं।

"बाधाएँ सफलता की ओर ले जाने वाले कदम हैं, जो आपकी दृढ़ता का परीक्षण करती हैं और आपके संकल्प को ईंधन देती हैं। उन्हें अपनाएँ, उनसे सीखें और उन्हें आगे बढ़ने के लिए प्रेरित करें। याद रखें, प्रतिकूलताओं पर काबू पाते हुए ही हम अपनी सच्ची ताकत का पता लगाते हैं।"

9

प्रामाणिकता के साथ नेतृत्व

नेतृत्व में प्रामाणिकता केवल एक प्रचलित शब्द नहीं है। यह विश्वास बनाने, दूसरों को प्रेरित करने और सार्थक बदलाव लाने की नींव है। राजनीति में महिलाओं के लिए, प्रामाणिकता के साथ नेतृत्व करना एक शक्तिशाली अंतर हो सकता है—एक ऐसा तरीका, जो शोर के बीच अपनी पहचान बनाने और मतदाताओं से गहरे स्तर पर जुड़ने में मदद करता है। यह स्वयं के प्रति सच्चे रहने, अपने मूल्यों को अपनाने और सत्यनिष्ठा के साथ नेतृत्व करने के बारे में है।

प्रामाणिक नेतृत्व आत्म-जागरूकता से शुरू होता है। यह अपने ताकत, कमजोरियों, मूल्यों और प्रेरणाओं की गहरी समझ की आवश्यकता रखता है। यह अपनी अनूठी पहचान को पहचानने और इसे अपनी ताकत के स्रोत के रूप में अपनाने के बारे में है। जब हम आत्म-जागरूक होते हैं, तो हम प्रामाणिकता के साथ बेहतर नेतृत्व कर सकते हैं, सटीक निर्णय ले सकते हैं और मजबूत रिश्ते बना सकते हैं।

प्रामाणिक नेता पारदर्शी और ईमानदार होते हैं। वे अपने विचार, भावनाएँ और अनुभव अपने समुदाय के साथ खुलकर साझा करते हैं। वे अपनी गलतियाँ स्वीकार करने या मदद माँगने से नहीं डरते। यह पारदर्शिता विश्वास बनाती है और खुलेपन और सहयोग की संस्कृति को बढ़ावा देती है।

प्रामाणिक नेता अपने मूल्यों से प्रेरित होते हैं। उनके पास उद्देश्य की स्पष्ट भावना होती है और वे दुनिया में सकारात्मक प्रभाव डालने के लिए प्रतिबद्ध होते हैं। उनके मूल्य उनके निर्णयों और कार्यों का मार्गदर्शन करते हैं और वे दूसरों को अपने दृष्टिकोण में शामिल होने के लिए प्रेरित करते हैं। जब हम अपने मूल्यों के साथ नेतृत्व करते हैं, तो हम ऐसा अर्थ और उद्देश्य बनाते हैं, जो दूसरों के साथ गूँजता है।

प्रामाणिक नेता करुणाशील और सहानुभूतिपूर्ण होते हैं। वे अपने समुदाय की ज़रूरतों और चिंताओं को समझते हैं और उनकी सेवा करने के लिए प्रतिबद्ध होते हैं। वे विभिन्न दृष्टिकोणों को सुनते हैं, विभिन्न विचारों को समझने का प्रयास करते हैं और विभाजनों के बीच पुल बनाते हैं। जब हम करुणा के साथ नेतृत्व करते हैं, तो हम एक अधिक समावेशी और समान समाज बनाते हैं।

नेतृत्व में प्रामाणिकता पूर्णता के बारे में नहीं है। यह इंसान होने के बारे में है। यह हमारी खामियों और अपूर्णताओं को स्वीकार करने के बारे में है, जबकि अपने सर्वश्रेष्ठ रूप में बनने की कोशिश करते हैं। जब हम अपनी कमजोरियों को दिखाते हैं, तो हम दूसरों के लिए भी ऐसा करने की जगह बनाते हैं। यह गहरे जुड़ाव, अधिक विश्वास और अधिक प्रभावी सहयोग की ओर ले जा सकता है।

नेतृत्व में प्रामाणिकता दूसरों को सशक्त बनाने के बारे में भी है। यह ऐसी संस्कृति बनाने के बारे में है, जहाँ हर कोई मूल्यवान, सम्मानित और सुना हुआ महसूस करे। यह लोगों को सफल होने के लिए आवश्यक उपकरण और संसाधन देने और उन्हें अपनी पूरी क्षमता तक पहुँचने के लिए प्रोत्साहित करने के बारे में है। जब हम दूसरों को सशक्त बनाते हैं, तो हम एक अधिक संलग्न और उत्पादक वातावरण बनाते हैं।

प्रामाणिकता के साथ नेतृत्व करना चुनौतीपूर्ण हो सकता है, विशेष रूप से राजनीतिक क्षेत्र में, जहाँ छवि और धारणा अक्सर महत्व लेती है। हालाँकि, प्रामाणिकता के लाभ चुनौतियों से कहीं अधिक हैं। जब हम प्रामाणिकता के साथ नेतृत्व करते हैं, तो हम विश्वास बनाते हैं, दूसरों को प्रेरित करते हैं और एक अधिक सकारात्मक और उत्पादक कार्य वातावरण बनाते हैं।

प्रामाणिकता एक स्थिर गुण नहीं है; यह एक गतिशील प्रक्रिया है। यह निरंतर आत्म-चिंतन, विकास और विकास की माँग करता है। जैसे-जैसे हम व्यक्तिगत और नेता के रूप में विकसित होते हैं, हमारी प्रामाणिकता की समझ भी बदल सकती है। नए अनुभवों, प्रतिक्रियाओं और दृष्टिकोणों के लिए खुले रहना और खुद को लगातार विकसित होने की चुनौती देना महत्वपूर्ण है।

राजनीति के हमेशा बदलते परिदृश्य में, प्रामाणिकता एक कालातीत गुण है। यह एक ऐसा गुण है, जो पार्टी की सीमाओं, विचारधाराओं और जनसांख्यिकी से परे जाता है। यह एक ऐसा गुण है, जो राजनीतिक स्पेक्ट्रम में लोगों के साथ गूँजता है और उन्हें एक बेहतर भविष्य पर विश्वास करने के लिए प्रेरित करता है।

राजनीति में महिलाओं के लिए, प्रामाणिकता के साथ नेतृत्व करना एक खेल बदलने वाला साबित हो सकता है। यह हमें बाधाओं को तोड़ने, रूढ़ियों को चुनौती देने और एक अधिक समावेशी और प्रतिनिधि लोकतंत्र बनाने में मदद कर सकता है। स्वयं के प्रति सच्चे रहते हुए, अपने मूल्यों को अपनाते हुए और सत्यनिष्ठा के साथ नेतृत्व करते हुए, हम दूसरों को भी ऐसा करने के लिए प्रेरित कर सकते हैं।

"मार्गदर्शन एक ऐसा उपहार है, जो हमेशा फलता-फूलता है—सशक्तिकरण की एक विरासत, जो पीढ़ियों तक चलती है। अपना ज्ञान साझा करें, अगली पीढ़ी का मार्गदर्शन करें और अपने प्रभाव को समय के साथ गूँजते हुए देखें। याद रखें, आज जो बीज आप बोते हैं, वे कल के नेताओं के रूप में खिलेंगे।"

10

बाधाओं और पूर्वाग्रहों पर विजय

महिलाओं के लिए राजनीतिक सशक्तिकरण का मार्ग बाधाओं और पूर्वाग्रहों से भरा हुआ है, जो समाज की संरचनाओं और सांस्कृतिक मान्यताओं में गहराई से निहित हैं। ये चुनौतियाँ विभिन्न रूपों में प्रकट हो सकती हैं, जैसे प्रत्यक्ष भेदभाव, सूक्ष्म आघात, संस्थागत बाधाएँ, या आत्म-संदेह। हालाँकि, ये बाधाएँ अजेय नहीं हैं। उनके अस्तित्व को स्वीकार करके, उनकी जड़ों को समझकर और उन्हें दूर करने के लिए रणनीतियाँ विकसित करके, महिलाएँ न केवल राजनीतिक परिदृश्य को सफलतापूर्वक नेविगेट कर सकती हैं, बल्कि इसे अधिक समावेशी और समान बनाने के लिए भी नया आकार दे सकती हैं।

राजनीति में महिलाओं के सामने आने वाली सबसे व्यापक बाधाओं में से एक लिंग आधारित रूढ़ियों का लगातार बने रहना है। महिलाओं को अक्सर उनकी योग्यताओं और अनुभव के बजाय उनकी उपस्थिति, आचरण और "नारीसुलभ" विशेषताओं के आधार पर आँका जाता है। उन्हें अक्सर बहुत भावुक, बहुत कोमल या राजनीतिक कार्यालय की कठोरताओं को संभालने के लिए पर्याप्त सख्त नहीं माना जाता। ये रूढ़ियाँ महिलाओं की विश्वसनीयता को कमजोर कर सकती हैं, उनके अवसरों को सीमित कर सकती हैं और उन्हें राजनीतिक करियर अपनाने से हतोत्साहित कर सकती हैं।

एक और महत्वपूर्ण बाधा राजनीति में महिलाओं का अपर्याप्त प्रतिनिधित्व है।

दुनिया की आधी आबादी होने के बावजूद, महिलाएँ सभी स्तरों पर राजनीतिक संस्थानों में कम प्रतिनिधित्व रखती हैं। यह प्रतिनिधित्व की कमी एक दुष्चक्र पैदा कर सकती है, क्योंकि महिला रोल मॉडल की अनुपस्थिति युवा लड़कियों और महिलाओं को राजनीतिक नेतृत्व की आकांक्षा करने से हतोत्साहित कर सकती है। इसका यह भी अर्थ है कि निर्णय लेने की प्रक्रिया में महिलाओं की आवाज़ें और दृष्टिकोण अक्सर बाहर रह जाते हैं, जिससे ऐसी नीतियाँ बन सकती हैं, जो उनकी ज़रूरतों और चिंताओं को पर्याप्त रूप से संबोधित नहीं करतीं।

संस्थागत बाधाएँ भी राजनीति में महिलाओं के लिए एक महत्वपूर्ण चुनौती पेश करती हैं। ये बाधाएँ कई रूप ले सकती हैं, जैसे भेदभावपूर्ण कानून और नियम, या अनौपचारिक प्रथाएँ और मानदंड जो पुरुषों के पक्ष में होते हैं। उदाहरण के लिए, महिलाओं को अपने अभियानों के लिए वित्तीय संसाधनों तक पहुँचने, पार्टी नेताओं से समर्थन प्राप्त करने या राजनीतिक संस्थानों की अक्सर पुरुष-प्रधान संस्कृति को नेविगेट करने में कठिनाई हो सकती है।

आंतरिक पूर्वाग्रह भी राजनीति में महिलाओं के लिए एक बड़ी बाधा हो सकते हैं। कई महिलाओं को यह विश्वास करने के लिए सामाजिक रूप से तैयार किया गया है कि वे पुरुषों की तरह सक्षम या योग्य नहीं हैं, या कि राजनीति उनके लिए उपयुक्त क्षेत्र नहीं है। ये आंतरिक पूर्वाग्रह आत्म-संदेह, हिचकिचाहट और नेतृत्व भूमिकाओं के लिए स्वयं को प्रस्तुत करने में अनिच्छा पैदा कर सकते हैं।

इन बाधाओं और पूर्वाग्रहों को दूर करने के लिए बहुआयामी दृष्टिकोण की आवश्यकता होती है। सबसे पहले और सबसे महत्वपूर्ण, इसके लिए इस मुद्दे के बारे में जागरूकता बढ़ाने की आवश्यकता है। राजनीति में महिलाओं के सामने आने वाली चुनौतियों के बारे में जनता को शिक्षित करके, हम दृष्टिकोण और धारणाओं को बदलना शुरू कर सकते हैं। हम महिला नेताओं की उपलब्धियों को उजागर करके और महिलाओं के अनुभवों और दृष्टिकोणों की विविधता को प्रदर्शित करके रूढ़ियों को खत्म करने का भी प्रयास कर सकते हैं।

मजबूत समर्थन नेटवर्क बनाना राजनीति में महिलाओं के लिए भी महत्वपूर्ण है। मेंटरशिप कार्यक्रम, महिला कॉकस और अन्य नेटवर्किंग अवसर मूल्यवान संसाधन, मार्गदर्शन और प्रोत्साहन प्रदान कर सकते हैं। समान चुनौतियों का

सामना करने वाली अन्य महिलाओं से जुड़कर, हम उनके अनुभवों से सीख सकते हैं, सफलता के लिए रणनीतियाँ साझा कर सकते हैं और समर्थन का एक समुदाय बना सकते हैं।

राजनीतिक नेतृत्व के लिए आवश्यक कौशल और ज्ञान विकसित करना भी आवश्यक है। इसमें राजनीतिक प्रक्रिया, सार्वजनिक नीति, संवाद और बातचीत के बारे में सीखना शामिल है। कई संगठन और कार्यक्रम विशेष रूप से उन महिलाओं के लिए प्रशिक्षण और संसाधन प्रदान करते हैं, जो राजनीतिक करियर को आगे बढ़ाने में रुचि रखती हैं।

सिस्टम में बदलाव के लिए वकालत करना बाधाओं और पूर्वाग्रहों को दूर करने का एक और महत्वपूर्ण कदम है। इसमें भेदभावपूर्ण कानूनों और नियमों को बदलने, राजनीतिक संस्थानों में लिंग कोटा को बढ़ावा देने और उन अनौपचारिक प्रथाओं और मानदंडों को चुनौती देने के लिए काम करना शामिल हो सकता है, जो लिंग असमानता को बनाए रखते हैं।

शायद सबसे महत्वपूर्ण बात, बाधाओं और पूर्वाग्रहों को दूर करने के लिए मानसिकता में बदलाव की आवश्यकता होती है। महिलाओं को अपनी क्षमताओं पर विश्वास करना चाहिए, अपने आंतरिक पूर्वाग्रहों को चुनौती देनी चाहिए और सामाजिक अपेक्षाओं को खुद को रोकने नहीं देना चाहिए। इसके लिए अन्याय के खिलाफ बोलने, यथास्थिति को चुनौती देने और निर्णय लेने की प्रक्रिया में अपनी जगह की माँग करने की भी आवश्यकता है।

राजनीतिक सशक्तिकरण की यात्रा आसान नहीं है, लेकिन यह आवश्यक है। बाधाओं और पूर्वाग्रहों को दूर करके, महिलाएँ न केवल अपनी राजनीतिक आकांक्षाओं को प्राप्त कर सकती हैं, बल्कि एक अधिक समावेशी और समान समाज भी बना सकती हैं।

❧

"सहयोग प्रगति की आधारशिला है, विविध आवाज़ों की एक सिम्फनी जो एक सामान्य उद्देश्य में एकजुट होती है। सहयोगियों की तलाश करें, पुल बनाएं, और सामूहिक कार्रवाई के माध्यम से अपने प्रभाव को बढ़ाएँ। याद रखें, एक साथ मिलकर हम वह हासिल कर सकते हैं, जो अकेले कभी संभव नहीं था।"

11

अगली पीढ़ी की महिला नेताओं का मार्गदर्शन करना केवल एक जिम्मेदारी नहीं है; यह एक सौभाग्य, एक विरासत और स्थायी परिवर्तन के लिए एक उत्प्रेरक है। यह एक मशाल है, जो एक पीढ़ी से दूसरी पीढ़ी तक पहुँचाई जाती है, राजनीतिक सशक्तिकरण के मार्ग को प्रकाशित करती है और युवा महिलाओं को अपनी पूर्ण क्षमता तक पहुँचने के लिए प्रेरित करती है। उन महिलाओं के लिए, जिन्होंने बाधाओं को तोड़ा, काँच की छतों को चकनाचूर किया और अपने दम पर सफलता हासिल की, मार्गदर्शन उनके ज्ञान, अनुभव और बुद्धिमत्ता को साझा करने और एक समावेशी और समान राजनीतिक परिदृश्य बनाने का अवसर प्रदान करता है।

मार्गदर्शन एक पारस्परिक संबंध है, एक दोतरफा रास्ता, जहाँ मेंटर और मेंटी दोनों इस आदान-प्रदान से लाभान्वित होते हैं। मेंटर के लिए, यह वापस देने, अपने कठोर अनुभवों को साझा करने और अगली पीढ़ी के नेताओं को प्रेरित करने का एक अवसर है। यह यह सुनिश्चित करने का एक तरीका है कि उनकी विरासत जीवित रहे, कि उनकी उपलब्धियाँ केवल व्यक्तिगत उपलब्धियाँ न बनें, बल्कि दूसरों के लिए प्रेरणा बनें।

मेंटी के लिए, मार्गदर्शन अमूल्य मार्गदर्शन, समर्थन और प्रोत्साहन प्रदान करता है। यह सवाल पूछने, सलाह लेने और उनसे सीखने के लिए एक सुरक्षित स्थान है, जिन्होंने पहले यह यात्रा की है। यह प्रेरणा और प्रोत्साहन का एक स्रोत है, यह याद दिलाता है कि उनके सपने हासिल किए जा सकते हैं और उनके पास दुनिया में बदलाव लाने की क्षमता है।

मार्गदर्शन कई रूप ले सकता है, औपचारिक कार्यक्रमों से लेकर अनौपचारिक संबंधों तक। यह एक अनुभवी नेता और एक नवोदित कार्यकर्ता के बीच एक-से-

एक संबंध हो सकता है, या विभिन्न पृष्ठभूमियों और अनुभवों वाली महिलाओं को एक साथ लाने वाला समूह मार्गदर्शन कार्यक्रम हो सकता है। प्रारूप चाहे जो भी हो, प्रभावी मार्गदर्शन को विश्वास, सम्मान और महिलाओं को सशक्त बनाने की साझा प्रतिबद्धता से चिह्नित किया जाता है।

मार्गदर्शन केवल ज्ञान और कौशल प्रदान करने के बारे में नहीं है; यह जुड़ाव और सशक्तिकरण की भावना को बढ़ावा देने के बारे में है। यह एक ऐसा समुदाय बनाने के बारे में है, जहाँ महिलाएँ एक-दूसरे को आगे बढ़ा सकती हैं, अपनी उपलब्धियों का जश्न मना सकती हैं और अपनी असफलताओं से सीख सकती हैं। यह महिलाओं को अपनी कहानियाँ, दृष्टिकोण और आकांक्षाएँ साझा करने और राजनीतिक जीवन की चुनौतियों को नेविगेट करने के लिए आवश्यक आत्मविश्वास और लचीलापन विकसित करने के लिए एक मंच प्रदान करने के बारे में है।

मार्गदर्शन के सबसे महत्वपूर्ण पहलुओं में से एक मार्गदर्शन और सलाह प्रदान करना है। मेंटर अपने अनुभव साझा कर सकते हैं, राजनीतिक प्रक्रिया में अंतर्दृष्टि दे सकते हैं और मेंटी को बाधाओं को दूर करने और अपने लक्ष्यों को प्राप्त करने की रणनीति विकसित करने में मदद कर सकते हैं। वे मेंटी के काम पर प्रतिक्रिया प्रदान कर सकते हैं, रचनात्मक आलोचना कर सकते हैं और उनके कौशल और ज्ञान को परिष्कृत करने में मदद कर सकते हैं।

मार्गदर्शन नेटवर्क और अवसरों तक पहुँच प्रदान कर सकता है, जो अन्यथा मुश्किल हो सकते हैं। मेंटर मेंटी का परिचय प्रभावशाली लोगों से करवा सकते हैं, इंटर्नशिप और नौकरियों के द्वार खोल सकते हैं और संसाधनों और सूचनाओं तक पहुँच प्रदान कर सकते हैं। यह उन युवा महिलाओं के लिए अमूल्य हो सकता है, जो अपने राजनीतिक करियर की शुरुआत कर रही हैं और जिनके पास पहले से स्थापित संपर्क या नेटवर्क नहीं हैं।

मार्गदर्शन भावनात्मक समर्थन और प्रोत्साहन का स्रोत भी हो सकता है। राजनीतिक क्षेत्र एक चुनौतीपूर्ण और अलग-थलग करने वाला वातावरण हो सकता है, खासकर महिलाओं के लिए। मेंटर एक सहानुभूतिपूर्ण कान, निराशाओं को व्यक्त करने के लिए एक सुरक्षित स्थान और प्रोत्साहन और समर्थन के शब्द

प्रदान कर सकते हैं। यह मेंटी को प्रतिकूल परिस्थितियों का सामना करते समय अपनी लचीलापन और प्रेरणा बनाए रखने में मदद करने के लिए महत्वपूर्ण हो सकता है।

मार्गदर्शन एकतरफा रास्ता नहीं है। मेंटी की भी यह जिम्मेदारी होती है कि वे इस रिश्ते में सक्रिय भागीदार बनें। उन्हें सीखने के लिए उत्सुक होना चाहिए, प्रतिक्रिया के लिए खुले रहना चाहिए और पहल करने के लिए तैयार रहना चाहिए। उन्हें अपने मेंटर के समय और विशेषज्ञता का सम्मान करना चाहिए और उनके मार्गदर्शन और समर्थन के लिए आभारी होना चाहिए।

मार्गदर्शन एक जीवनभर की यात्रा है। यह तब समाप्त नहीं होता जब औपचारिक मार्गदर्शन कार्यक्रम या संबंध समाप्त हो जाता है। सीखे गए सबक, बनाए गए संबंध और प्राप्त समर्थन महिलाओं के पूरे राजनीतिक करियर को आकार देने और प्रेरित करने में मदद कर सकते हैं। बदले में, जैसे-जैसे मेंटी बढ़ते और विकसित होते हैं, वे स्वयं मेंटर बन सकते हैं, अगली पीढ़ी को मशाल सौंप सकते हैं।

राजनीति में महिलाओं को सशक्त बनाने में मार्गदर्शन की शक्ति को कम करके नहीं आँका जा सकता। अपने ज्ञान, अनुभव और बुद्धिमत्ता को साझा करके, हम एक ऐसी लहर प्रभाव पैदा कर सकते हैं, जो हमारे व्यक्तिगत दायरे से परे तक फैले। हम महिलाओं की एक नई पीढ़ी को प्रेरित कर सकते हैं, जो साहसी, आत्मविश्वासी और एक अधिक न्यायपूर्ण और समान दुनिया बनाने के लिए प्रतिबद्ध हों।

"सक्रियता से नीति तक, आपकी यात्रा दृढ़ता और रणनीतिक कार्रवाई की शक्ति का प्रमाण है। शक्ति की भाषा सीखें, गठबंधन बनाएं और अपने जुनून को ठोस बदलाव में बदलें। याद रखें, आपकी आवाज़ मायने रखती है, और आपके कार्य भविष्य को आकार दे सकते हैं।"

12
सहयोग की शक्ति

सहयोग प्रगति की आधारशिला है, विविध आवाज़ों और दृष्टिकोणों की एक सिम्फनी, जो स्थायी बदलाव लाने के लिए सामंजस्य बनाती है। राजनीतिक क्षेत्र में, जहाँ सत्ता की संरचनाएँ अक्सर कुछ लोगों के पक्ष में होती हैं, सहयोग कई लोगों को सशक्त बनाता है। यह व्यक्तिगत आवाज़ों को मजबूत करने और सामूहिक ताकत का लाभ उठाने का एक साधन है, जो साझा लक्ष्यों को प्राप्त करने में मदद करता है। राजनीति में महिलाओं के लिए, जो अक्सर प्रणालीगत बाधाओं और पूर्वाग्रहों का सामना करती हैं, सहयोग केवल एक रणनीति नहीं है; यह एक आवश्यकता है।

सहयोग की शक्ति इसके अंतर को पार करने और लोगों को एक सामान्य उद्देश्य के चारों ओर एकजुट करने की क्षमता में निहित है। यह यह पहचानने के बारे में है कि हम अकेले से अधिक मजबूत एक साथ हैं। अन्य महिलाओं के साथ मिलकर काम करके, हम अपने संसाधनों को एकत्रित कर सकते हैं, अपनी विशेषज्ञता का लाभ उठा सकते हैं और अपने समर्थकों को संगठित कर ऐसे लक्ष्यों को प्राप्त कर सकते हैं, जो व्यक्तिगत रूप से असंभव लगते हैं।

सहयोग का अर्थ समानता या समझौता नहीं है; यह विविधता को अपनाने और प्रत्येक व्यक्ति की अनूठी ताकतों का लाभ उठाने के बारे में है। यह ऐसा स्थान बनाने के बारे में है, जहाँ हर कोई मूल्यवान, सम्मानित और सुना हुआ महसूस करे। यह विश्वास बनाने और आपसी समर्थन और सहयोग की संस्कृति को बढ़ावा देने के बारे में है। जब हम दूसरों के साथ सहयोग करते हैं, तो हम अपने दृष्टिकोण

को व्यापक बनाते हैं, अपनी धारणाओं को चुनौती देते हैं और विभिन्न दृष्टिकोणों से सीखते हैं।

राजनीतिक क्षेत्र में, सहयोग कई रूप ले सकता है। यह एक साझा एजेंडे को आगे बढ़ाने के लिए अन्य महिला उम्मीदवारों या निर्वाचित अधिकारियों के साथ काम करना हो सकता है। यह किसी विशेष मुद्दे के लिए समर्थन जुटाने के लिए जमीनी संगठनों और सामुदायिक समूहों के साथ साझेदारी करना हो सकता है। यह व्यवसायों, श्रमिक संघों और धर्म-आधारित संगठनों जैसे विविध हितधारकों के साथ गठबंधन बनाना भी हो सकता है, ताकि परिवर्तन के लिए व्यापक आंदोलन बनाया जा सके।

सहयोग के लाभ असंख्य हैं। एक साथ काम करके, हम अधिक प्रभाव पैदा कर सकते हैं, व्यापक दर्शकों तक पहुँच सकते हैं और बदलाव के लिए एक अधिक स्थायी आंदोलन बना सकते हैं। सहयोग हमें उन बाधाओं और चुनौतियों को भी दूर करने में मदद कर सकता है, जिनका हम व्यक्तिगत रूप से सामना कर सकते हैं। संसाधनों, विशेषज्ञता और समर्थन को साझा करके, हम जटिल मुद्दों को नेविगेट कर सकते हैं और असंभव लगने वाली समस्याओं के लिए अभिनव समाधान खोज सकते हैं।

सहयोग सामुदायिक भावना और जुड़ाव को भी बढ़ावा देता है। जब हम एक सामान्य लक्ष्य की दिशा में काम करते हैं, तो हम उन लोगों के साथ मजबूत संबंध बनाते हैं, जो हमारे जुनून और प्रतिबद्धता को साझा करते हैं। यह सामुदायिक भावना प्रेरणा और समर्थन का एक शक्तिशाली स्रोत हो सकती है, विशेष रूप से विपरीत परिस्थितियों का सामना करते समय।

प्रभावी सहयोग के लिए सुनने, सीखने और समझौता करने की इच्छा आवश्यक है। यह सामान्य आधार खोजने, सहमति बनाने और साझा दृष्टि की ओर काम करने के बारे में है। यह खुली बातचीत, पारदर्शिता और जवाबदेही के प्रति प्रतिबद्धता की भी माँग करता है। जब हम दूसरों के साथ सहयोग करते हैं, तो हमें श्रेय साझा करने, अपनी गलतियों को स्वीकार करने और अपने अनुभवों से सीखने के लिए तैयार रहना चाहिए।

सफल सहयोग बनाना और बनाए रखना चुनौतीपूर्ण हो सकता है। इसमें समय, प्रयास और संबंधों में निवेश करने की इच्छा की आवश्यकता होती है। इसमें मतभेदों को दूर करने, संघर्षों को हल करने और एक साथ प्रभावी ढंग से काम करने के तरीके खोजने की प्रतिबद्धता की भी आवश्यकता होती है। हालाँकि, सहयोग की शक्ति इतनी गहन और परिवर्तनकारी है कि यह इन चुनौतियों को भी सार्थक बनाती है। जब हम सफल सहयोग स्थापित करते हैं, तो हम केवल व्यक्तिगत या सामूहिक लक्ष्य ही प्राप्त नहीं करते, बल्कि एक नई संस्कृति का निर्माण भी करते हैं। यह एक ऐसी संस्कृति होती है, जो सहयोग, समावेशिता और समानता को महत्व देती है।

सहयोग सामाजिक बदलाव का इंजन बन सकता है, जहाँ विविध समुदाय एक दूसरे का हाथ थामकर आगे बढ़ते हैं। यह न केवल संसाधनों का साझा उपयोग है, बल्कि यह विचारों, अनुभवों और दृष्टिकोणों का आदान-प्रदान भी है। इसके माध्यम से एक ऐसी शक्ति उत्पन्न होती है, जो बाधाओं को तोड़ सकती है और सबसे कठिन परिस्थितियों में भी आशा का संचार कर सकती है।

राजनीति, शिक्षा, व्यवसाय और सामाजिक आंदोलनों में, सहयोग का प्रभाव स्पष्ट रूप से देखा जा सकता है। यह हमें एकजुट करता है, हमारी सामूहिक क्षमता को उजागर करता है और हमें यह विश्वास दिलाता है कि जब हम साथ आते हैं, तो कुछ भी असंभव नहीं है।

सहयोग की शक्ति व्यक्तिगत सीमाओं से परे जाने, सामूहिक क्षमता को पहचानने और एक बेहतर दुनिया के निर्माण की दिशा में काम करने का एक आह्वान है। यह हमें याद दिलाता है कि हमारी असली ताकत एकता में है, और जब हम साथ चलते हैं, तो हम बदलाव की सबसे मजबूत ताकत बन सकते हैं।

13

सक्रियता से नीति तक

सक्रियता से नीति तक की यात्रा एक परिवर्तनकारी अनुभव है, सामूहिक प्रयास की शक्ति और इस दृढ़ विश्वास का प्रमाण है कि बदलाव संभव है। यह एक ऐसा मार्ग है जो अक्सर चुनौतियों से भरा होता है, जिसके लिए धैर्य, रणनीतिक सोच और राजनीतिक परिदृश्य की गहरी समझ की आवश्यकता होती है। लेकिन जो इस पथ पर चलने का साहस करते हैं, उनके लिए इसका प्रतिफल अनमोल है: कानूनों को आकार देने, संस्थानों को प्रभावित करने और एक अधिक न्यायपूर्ण और समान समाज बनाने का अवसर।

सक्रियता का मूल उद्देश्य जागरूकता बढ़ाना, समर्थन जुटाना और बदलाव की मांग करना है। यह उन लोगों को आवाज देने के बारे में है जिनकी आवाज़ें नहीं सुनी जातीं, प्रचलित स्थिति को चुनौती देने और बेहतर भविष्य के लिए वकालत करने के बारे में है। कार्यकर्ता वे लोग होते हैं जो बाधाओं को तोड़ते हैं, आंदोलन करते हैं और एक अलग दुनिया का सपना देखते हैं तथा उसे वास्तविकता में बदलने के लिए अथक परिश्रम करते हैं।

लेकिन केवल सक्रियता पर्याप्त नहीं है। स्थायी बदलाव लाने के लिए, हमें अपने जुनून और ऊर्जा को ठोस नीतिगत समाधानों में बदलना होगा। हमें सड़कों से सत्ता के गलियारों तक, विरोध के नारों से विधायी प्रस्तावों तक की यात्रा करनी होगी। इस बदलाव के लिए रणनीति में परिवर्तन, राजनीतिक प्रक्रिया की गहरी समझ, और सत्ता में बैठे लोगों के साथ जुड़ने की इच्छा आवश्यक है।

सक्रियता से नीति तक बढ़ने का पहला कदम एक स्पष्ट और समग्र नीति एजेंडा विकसित करना है। इसमें उन समस्याओं की जड़ों की पहचान करना शामिल है, जिन्हें हम हल करना चाहते हैं, तथ्यों पर आधारित समाधान खोजना और ऐसे नीतिगत प्रस्ताव तैयार करना, जो महत्वाकांक्षी और व्यावहारिक दोनों हों। यह समर्थन जुटाने के लिए विविध हितधारकों को एक साथ लाने की भी आवश्यकता होती है, जो हमारे बदलाव के दृष्टिकोण को साझा करते हैं।

एक बार नीति एजेंडा तैयार हो जाने के बाद, हमें नीति निर्माताओं और निर्णय लेने वालों से जुड़ने की आवश्यकता होती है। इसमें निर्वाचित अधिकारियों से मुलाकात करना, विधायी समितियों के समक्ष बयान देना और प्रस्तावित कानून पर लिखित टिप्पणियाँ प्रस्तुत करना शामिल हो सकता है। यह प्रमुख प्रभावशाली व्यक्तियों जैसे सामुदायिक नेताओं, शिक्षाविदों और उद्योग विशेषज्ञों के साथ संबंध बनाने की भी माँग करता है, जो हमारे अभियान में अपनी आवाज़ और विशेषज्ञता जोड़ सकते हैं।

नीति को प्रभावित करने के लिए वकालत एक महत्वपूर्ण उपकरण है। अपने मुद्दे के प्रति जागरूकता बढ़ाकर, जनता को शिक्षित करके और समर्थन जुटाकर, हम नीति निर्माताओं पर कार्रवाई का दबाव बना सकते हैं। प्रभावी वकालत में प्रेरक संदेश विकसित करना, विभिन्न संचार चैनलों का उपयोग करना और समर्थकों का एक व्यापक गठबंधन बनाना शामिल है।

लॉबिंग नीति को प्रभावित करने की एक और महत्वपूर्ण रणनीति है। इसमें नीति निर्माताओं और उनके कर्मचारियों के साथ सीधे संवाद करना, उन्हें जानकारी और विश्लेषण प्रदान करना और विशिष्ट नीतिगत बदलावों की वकालत करना शामिल है। प्रभावी लॉबिंग के लिए नीति निर्माताओं के साथ संबंध बनाना, उनकी प्राथमिकताओं और बाधाओं को समझना, और उनके मूल्यों और हितों से मेल खाने वाले तर्क विकसित करना आवश्यक है।

नीति तक पहुँचने के लिए जमीनी स्तर पर संगठित होना भी अनिवार्य है। अपने समुदायों को सक्रिय करके, प्रत्यक्ष कार्रवाई में भाग लेकर और बदलाव के लिए एक आंदोलन बनाकर, हम नीति निर्माताओं पर कार्रवाई का दबाव बना सकते हैं। प्रभावी जमीनी संगठन में हमारे समर्थकों की पहचान और उन्हें सक्रिय करना,

प्रभावी संचार और जागरूकता रणनीतियाँ विकसित करना और निरंतर कार्रवाई के लिए एक स्थायी ढाँचा तैयार करना शामिल है।

सक्रियता से नीति तक का संक्रमण हमेशा सरल नहीं होता। हमें प्रतिरोध, असफलताओं और यहाँ तक कि खुली विरोध का सामना करना पड़ सकता है। लेकिन यदि हम अपने लक्ष्यों पर केंद्रित रहें, अपने प्रयासों में दृढ़ बने रहें और मजबूत गठबंधन बनाए रखें, तो हम इन चुनौतियों को पार कर सकते हैं और स्थायी बदलाव हासिल कर सकते हैं।

सक्रियता से नीति तक की यात्रा केवल कानूनों और नियमों को बदलने के बारे में नहीं है; यह हमारे समाज को बदलने और एक अधिक न्यायपूर्ण और समान दुनिया बनाने के बारे में है। यह व्यक्तियों और समुदायों को अपने जीवन पर नियंत्रण पाने और अपनी नियति को आकार देने के लिए सशक्त बनाने के बारे में है। यह एक ऐसे भविष्य का निर्माण करने के बारे में है जहाँ हर किसी को अपने पृष्ठभूमि या परिस्थितियों की परवाह किए बिना समृद्ध होने का अवसर मिले।

"व्यक्तिगत और राजनीतिक जीवन को संतुलित करना एक संवेदनशील नृत्य है, अपने सार्वजनिक और निजी व्यक्तित्व के बीच लगातार सामंजस्य स्थापित करना। सीमाएँ तय करें, आत्म-देखभाल को प्राथमिकता दें, और यह कभी न भूलें कि वास्तव में क्या महत्वपूर्ण है। याद रखें, आपकी भलाई आपकी नेतृत्व क्षमता की नींव है।"

14

राजनीतिक परिदृश्य में समझौते की कला

राजनीतिक परिदृश्य एक गतिशील और अक्सर चुनौतीपूर्ण क्षेत्र है, जहाँ विविध हित आपस में टकराते हैं, गठबंधन बदलते हैं, और सत्ता के समीकरण लगातार विकसित होते हैं। उन महिलाओं के लिए, जो इस क्षेत्र में नेतृत्व और प्रभाव स्थापित करना चाहती हैं, समझौते की कला में निपुण होना अत्यंत आवश्यक है। यह एक ऐसा कौशल है, जो हमें विभाजन को पाटने, सामान्य आधार खोजने और ऐसे गठबंधन बनाने में सक्षम बनाता है, जो सार्थक बदलाव ला सकते हैं।

समझौता केवल जीतने या हारने के बारे में नहीं है; यह उन समाधानों को खोजने के बारे में है, जो शामिल सभी पक्षों की जरूरतों और हितों को पूरा करें। यह विश्वास बनाने, संबंध स्थापित करने और ऐसे परिणाम उत्पन्न करने के बारे में है, जो हमारे साझा लक्ष्यों को आगे बढ़ाते हैं। राजनीतिक क्षेत्र में, जहाँ प्रगति के लिए अक्सर समझौता आवश्यक होता है, समझौता कौशल अपरिहार्य हैं।

प्रभावी समझौते की शुरुआत हमारे स्वयं के लक्ष्यों और प्राथमिकताओं की स्पष्ट समझ से होती है। हम क्या हासिल करना चाहते हैं? हमारी कौन सी बातें अटल हैं? किन मुद्दों पर हम समझौता कर सकते हैं? अपने हितों की स्पष्ट समझ के साथ, हम आत्मविश्वास और स्पष्टता के साथ समझौतों की ओर बढ़ सकते हैं।

अन्य पक्षों की जरूरतों और हितों को समझना भी उतना ही महत्वपूर्ण है। उनकी

प्रेरणाएँ क्या हैं? उनकी चिंताएँ क्या हैं? वे किन बातों पर सहमत हो सकते हैं? उनके दृष्टिकोण को समझकर, हम संभावित सहमति के क्षेत्रों की पहचान कर सकते हैं और ऐसे रचनात्मक समाधान विकसित कर सकते हैं, जो सभी की जरूरतों को पूरा करें।

सफल समझौते के लिए तैयारी सबसे महत्वपूर्ण है। किसी भी समझौते में प्रवेश करने से पहले, हमें जानकारी एकत्र करनी चाहिए, मुद्दे पर शोध करना चाहिए और एक स्पष्ट रणनीति विकसित करनी चाहिए। हमें संभावित बाधाओं का अनुमान लगाना, लाभ के क्षेत्रों की पहचान करना और विभिन्न परिदृश्यों के लिए तैयार रहना चाहिए। अच्छी तैयारी के साथ, हम आत्मविश्वास और लचीलापन के साथ समझौतों में शामिल हो सकते हैं।

सक्रिय सुनना समझौते का एक महत्वपूर्ण घटक है। दूसरी ओर के विचारों को ध्यानपूर्वक सुनने से, हम उनके दृष्टिकोण को समझ सकते हैं, उनकी मूलभूत चिंताओं की पहचान कर सकते हैं और संबंध बना सकते हैं। सक्रिय सुनने से हमें संभावित सहमति के क्षेत्रों की पहचान करने और अपनी रणनीति को उसी के अनुसार ढालने में मदद मिलती है।

प्रभावी संवाद समझौते के लिए आवश्यक है। हमें अपनी आवश्यकताओं और हितों को स्पष्ट, संक्षिप्त और सुस्पष्ट रूप से व्यक्त करना चाहिए, साथ ही दूसरों के विचारों को समझने का प्रयास करना चाहिए। हमें आदरपूर्वक, सहानुभूतिपूर्वक और विभिन्न दृष्टिकोणों के प्रति खुले रहना चाहिए। प्रभावी संवाद के माध्यम से, हम विश्वास बना सकते हैं, सहयोग को बढ़ावा दे सकते हैं और परस्पर लाभकारी समझौते तक पहुँचने की संभावना बढ़ा सकते हैं।

रिश्ते बनाना समझौते का एक महत्वपूर्ण पहलू है। दूसरे पक्षों के साथ विश्वास और संबंध स्थापित करके, हम एक अधिक सकारात्मक और उत्पादक समझौता माहौल बना सकते हैं। यह वास्तविक, आदरणीय और सहानुभूतिपूर्ण होने का कार्य है। यह सामान्य आधार खोजने, साझा मूल्यों को उजागर करने और एक साझा उद्देश्य की भावना बनाने का भी कार्य है।

लचीलापन और अनुकूलनशीलता राजनीतिक परिदृश्य में सफलता के लिए

आवश्यक हैं। हमें अपने दृष्टिकोण को समायोजित करने, नई जानकारी पर विचार करने और आवश्यक होने पर समझौता करने के लिए तैयार रहना चाहिए। कठोरता और जिद समझौतों को विफल कर सकती है और गतिरोध की स्थिति ला सकती है। लचीलापन और अनुकूलनशीलता के माध्यम से, हम सफल परिणाम तक पहुँचने की अपनी संभावना बढ़ा सकते हैं।

समझौता एक बार का कार्य नहीं है; यह एक सतत प्रक्रिया है। समझौते के बाद भी, हमें रिश्तों को मजबूत करना, प्रगति की निगरानी करना और उत्पन्न होने वाले मुद्दों को हल करना जारी रखना चाहिए। खुले संवाद और सहयोगात्मक भावना बनाए रखकर, हम यह सुनिश्चित कर सकते हैं कि समझौते को प्रभावी ढंग से लागू किया जाए और हमारे साझा लक्ष्य पूरे हों।

राजनीति में महिलाओं के लिए समझौता एक शक्तिशाली उपकरण है। यह हमें विभाजन को पाटने, गठबंधन बनाने और अपने लक्ष्यों को प्राप्त करने में सक्षम बनाता है। समझौते की कला में महारत हासिल करके, हम अधिक प्रभावशाली नेता, समर्थक और बदलाव लाने वाले बन सकते हैं।

"चुनावी रणनीतियाँ विजय के मार्ग की रूपरेखा हैं, आपके दृष्टिकोण को वास्तविकता में बदलने की रूपरेखा हैं। रणनीतिक, डेटा-संचालित रहें और हमेशा अपने मतदाताओं की जरूरतों को प्राथमिकता दें। याद रखें, सफल अभियान केवल चुनाव जीतने के बारे में नहीं है; यह एक आंदोलन बनाने के बारे में है।"

15

प्रभावी चुनावी रणनीतियाँ

राजनीति के जटिल नृत्य में, चुनावी रणनीतियाँ वे सावधानीपूर्वक रचित कदम हैं, जो विजय की ओर ले जाते हैं। ये वे खाके हैं, जो आकांक्षाओं को क्रियाओं में और दृष्टिकोण को मतों में बदलते हैं। राजनीतिक पद की आकांक्षा रखने वाली महिलाओं के लिए, प्रभावी चुनावी रणनीतियाँ बनाना केवल चुनाव जीतने के बारे में नहीं है; यह बाधाओं को तोड़ने, मान्यताओं को चुनौती देने, और नेतृत्व को पुनः परिभाषित करने के बारे में है। यह ऐसी लहर पैदा करने के बारे में है, जो मतदाताओं को आकर्षित करे, समुदायों को सशक्त बनाए, और एक अधिक समावेशी और समान समाज के लिए मार्ग प्रशस्त करे।

सफल चुनावी रणनीति कोई एक आकार में फिट होने वाला फार्मूला नहीं है। यह एक गतिशील और अनुकूलनशील योजना है, जो बदलते राजनीतिक परिदृश्य के साथ विकसित होती है। यह कला और विज्ञान का संयोजन है, जो रचनात्मकता को डेटा-आधारित अंतर्दृष्टि के साथ, और अंतर्ज्ञान को साक्ष्य-आधारित निर्णयों के साथ मिलाता है। यह महिलाओं के लिए उम्मीदवारों के सामने आने वाली विशिष्ट चुनौतियों और अवसरों को समझने और उनकी ताकतों का उपयोग करते हुए कमजोरियों को दूर करने वाली रणनीति तैयार करने के बारे में है।

किसी भी सफल चुनावी रणनीति के केंद्र में एक प्रभावशाली संदेश होता है। यह संदेश स्पष्ट, संक्षिप्त और मतदाताओं की चिंताओं और आकांक्षाओं से जुड़ा होना

चाहिए। यह भविष्य के लिए एक ऐसी दृष्टि प्रस्तुत करता है, जो आशा और आशावाद को प्रेरित करती है, साथ ही समुदाय के सामने मौजूद pressing मुद्दों का समाधान भी देती है। एक मजबूत संदेश सभी प्रचार मंचों और चैनलों पर, जैसे कि सोशल मीडिया, जनसभाओं, और प्रचार सामग्री में, निरंतर होना चाहिए।

एक मजबूत टीम बनाना एक विजयी चुनावी रणनीति का दूसरा महत्वपूर्ण तत्व है। चुनावी टीम विविध होनी चाहिए, जो उस समुदाय के जनसांख्यिकीय स्वरूप को प्रतिबिंबित करे, जिसका वह प्रतिनिधित्व करना चाहती है। इसमें विविध कौशल और विशेषज्ञता वाले व्यक्तियों का समावेश होना चाहिए, जैसे कि फंडरेजिंग, संचार, क्षेत्रीय संगठन, और डेटा विश्लेषण। एक मजबूत टीम वह समर्थन, मार्गदर्शन, और बुनियादी ढाँचा प्रदान कर सकती है, जिसकी एक सफल अभियान को आवश्यकता होती है।

फंडरेजिंग किसी भी राजनीतिक अभियान की जीवनरेखा है। पर्याप्त वित्तीय संसाधनों के बिना, मतदाताओं तक पहुँचना, हमारा संदेश फैलाना, और समर्थन जुटाना असंभव है। सफल अभियान एक व्यापक फंडरेजिंग योजना विकसित करते हैं, जो विभिन्न प्रकार के दानदाताओं को लक्षित करती है, छोटे-छोटे व्यक्तिगत योगदानकर्ताओं से लेकर बड़े संस्थागत दाताओं तक। वे व्यापक दर्शकों तक पहुँचने और दान प्रक्रिया को सरल बनाने के लिए ऑनलाइन मंचों और सोशल मीडिया का उपयोग भी करते हैं।

प्रभावी संचार किसी भी अभियान के लिए आवश्यक है। इसमें मुख्य संदेश, लक्षित दर्शक, और संचार चैनलों की रूपरेखा तैयार करने वाली व्यापक संचार योजना विकसित करना शामिल है। इसमें प्रभावशाली सामग्री तैयार करना, सोशल मीडिया का प्रभावी उपयोग करना, और मीडिया के साथ रणनीतिक और सक्रिय तरीके से जुड़ना भी शामिल है। एक मजबूत संचार रणनीति नाम पहचान बनाने, सकारात्मक मीडिया कवरेज उत्पन्न करने, और मतदाताओं के साथ व्यक्तिगत स्तर पर जुड़ने में मदद कर सकती है।

समुदाय की भागीदारी सफल अभियानों का एक प्रमुख आधार है। मतदाताओं तक सीधे पहुँचकर, उनकी चिंताओं को सुनकर, और उनकी समस्याओं का समाधान देकर, हम विश्वास बना सकते हैं, उनका समर्थन अर्जित कर सकते हैं, और उन्हें

कार्रवाई के लिए प्रेरित कर सकते हैं। प्रभावी समुदाय भागीदारी में सामुदायिक कार्यक्रमों में भाग लेना, जनसभाएँ आयोजित करना, पड़ोसों में प्रचार करना, और ऑनलाइन मतदाताओं से जुड़ने के लिए सोशल मीडिया का उपयोग करना शामिल है।

डेटा-आधारित निर्णय लेना आधुनिक चुनावी रणनीतियों का एक और महत्वपूर्ण घटक है। मतदाता जनसांख्यिकी, प्राथमिकताओं, और व्यवहारों पर डेटा एकत्र और विश्लेषण करके, हम अपना संदेश अनुकूलित कर सकते हैं, अपने प्रचार को लक्षित कर सकते हैं, और अपने संसाधनों का अनुकूलन कर सकते हैं। डेटा हमें संभावित समर्थकों की पहचान करने, हमारे अभियान के तरीकों की प्रभावशीलता को ट्रैक करने, और यह निर्णय लेने में मदद करता है कि हमें अपने प्रयासों पर कहाँ ध्यान केंद्रित करना चाहिए।

तकनीक राजनीतिक अभियानों में एक बढ़ती हुई महत्वपूर्ण भूमिका निभा रही है। सोशल मीडिया प्लेटफॉर्म से लेकर मतदाता डेटाबेस और ऑनलाइन फंडरेजिंग उपकरण तक, तकनीक हमें व्यापक दर्शकों तक पहुँचने, मतदाताओं के साथ अधिक प्रभावी ढंग से जुड़ने, और हमारे संचालन को सुव्यवस्थित करने में मदद कर सकती है। सफल अभियान तकनीक को अपनाते हैं और इसका लाभ उठाते हैं।

एक विजयी चुनावी रणनीति केवल चुनाव जीतने के बारे में नहीं है; यह बदलाव के लिए एक आंदोलन बनाने के बारे में है। मतदाताओं के लिए महत्वपूर्ण मुद्दों पर ध्यान केंद्रित करके, उनके साथ सीधे जुड़कर, और एक बेहतर भविष्य के लिए एक दृष्टि प्रस्तुत करके, हम आशा को प्रेरित कर सकते हैं, समर्थन जुटा सकते हैं, और हमारे समुदायों और उससे आगे में स्थायी बदलाव ला सकते हैं।

"आपकी आवाज़ आपकी ताकत है, राजनीतिक परिदृश्य में एक प्रकाशस्तंभ। इसकी शक्ति को कम मत आँकिए; हर फुसफुसाहट एक आंदोलन को जन्म देने की क्षमता रखती है। अपनी सच्चाई बोलें, क्योंकि आपकी प्रामाणिकता में ही आपका नेतृत्व वास्तव में चमकता है।"

उद्धरण और संदर्भ

यह पुस्तक व्यापक अनुसंधान और सूक्ष्म विश्लेषण का परिणाम है, जिसमें विभिन्न स्रोतों जैसे अनेक पुस्तकों, विद्वानों के अध्ययन और व्यक्तिगत अनुभवों को सम्मिलित किया गया है। इसके अतिरिक्त, मैंने इस कार्य को संकलित करने के लिए प्रासंगिक जानकारी और आंकड़े जुटाने हेतु विभिन्न वेबसाइटों की भी खोज की है। मैंने प्रस्तुत जानकारी की सटीकता सुनिश्चित करने के लिए हर संभव प्रयास किया है और सभी स्रोतों का विधिपूर्वक उल्लेख किया है ताकि उनके योगदान को सम्मानित किया जा सके।

इन प्रयासों के बावजूद, अनजाने में त्रुटियाँ होने की संभावना बनी रहती है। मैं अपने पाठकों के विचारों को अत्यधिक महत्व देता हूँ और किसी भी ऐसी त्रुटि की पहचान करने और उसे सुधारने के लिए आपके फीडबैक का स्वागत करता हूँ। मैं आपसे आग्रह करता हूँ कि किसी भी प्रकार की विसंगतियों को मेरी जानकारी में लाएँ।

आपका फीडबैक न केवल स्वागत योग्य है बल्कि अत्यावश्यक भी है, क्योंकि यह वर्तमान संस्करण में सुधार लाने और भविष्य के संस्करणों की सामग्री को और बेहतर बनाने में मदद करेगा। मैं अपनी कृतियों में उच्चतम स्तर की सटीकता और विश्वसनीयता बनाए रखने के प्रति प्रतिबद्ध हूँ और आपके समर्थन और समझ के लिए धन्यवाद देता हूँ।

इसके अतिरिक्त, मैं संविधान के अनुच्छेद 19(1)(क) के तहत गारंटीकृत अभिव्यक्ति की स्वतंत्रता के सिद्धांत का दृढ़ता से पालन करती हूँ और अपने सभी पाठकों के विविध दृष्टिकोणों और अभिव्यक्तियों का सम्मान करता हूँ।

Other Books Of The Author

1. Empowering Minds: A Journey into Women's Self-Discovery and Power
2. The Dynamics of Motivation: Catalyzing Thought into Action
3. Meditation and Mental Well Being: The Path to Inner Peace and Clarity
4. The Psychology of Child Education: Nurturing Future Generations
5. Ethical Enlightenment: A Modern Guide to Living with Integrity
6. Voices of Empowerment: Stories of Women Rising Against Odds
7. Social Psychology in Everyday Life: Understanding Human Connections
8. The Essence of Motivational Speaking: Inspiring Change in Others
9. Balancing Acts: Women, Work, and the Will to Lead
10. Guiding with Grace: Raising Children with Compassion and Awareness
11. The Power of Positive Aging: Embracing Life After Fifty
12. Building Resilient Communities: Social Work in Action
13. The Ethical Educator: Principles for Teaching and Learning
14. Innovative solutions for Social Change: The Role of Social Psychology for crafting a Better World
15. The Ethics of Empathy: A Guide to Ethical Living
16. The Science of Empowering the Self: Navigating Life's Challenges with Psychological Wisdom
17. The Mindful Conscious Leader: Meditation Techniques for Modern Management
18. Pioneering Spirit: Women's Pathways to Leadership and Empowerment
19. Feeling to Healing: The Role of Emotional Intelligence in Child Development
20. Transformative Talks and Words of Inspiration: Insights into

Motivational Oratory

43. Altruistic Alchemy: Transforming Lives Through Giving
44. The Blueprint of Pro-Activeness and Productivity: Crafting Habits for Success
45. The Simplicity with Grounded Wisdom: Embracing Authenticity in a Complex World
46. Secret of Solopreneur's Odyssey: Navigating the Path to Self-Employment
47. Exploring Tapestry of Peace: Global Perspectives on Harmony
48. The Art and Actions of Connection: Mastering Communication for Impact
49. She Governs and at the Helm: Strategies for Political Empowerment
50. Rising Above and Rising with Grace: A Woman's Roadmap to Career Mastery
51. The Effect of Networking & Connectedness: Building Strategic Alliances for Women
52. Beyond his Barriers: Women Thriving in Male-Dominated Fields
53. Secret of Inner Compass: Navigating Life with Intuition
54. Creative & Pro-Active Muses: A Celebration of Women in the Arts
55. Unburdened: The Art of Releasing the Past
56. Amplified Voices: Speeches of Women that Astonished the World
57. Secret of Manifesting Dreams: A Woman's Guide to Intentional Living
58. Ethics and Value Based Education: Reimagining Japan's School System
59. The Moral Compass Curriculum: A Holistic Approach
60. Tech with Heart: Integrating Ethics into Digital Learning
61. Honoring Virtue: Recognizing Ethical Excellence in Education
62. Raising Good Humans: A Guide to Character Development
63. The Spark Within: Nurturing Creativity in Children
64. The Teenager Whisperer: Navigating Adolescence with Grace
65. Igniting a Passion for Learning: Inspiring Lifelong Curiosity
66. The Habit Lab: Cultivating Positive Behaviors in Children

Contact

Dr. Minakshi Bansal
Social Activist
Ahmedabad, Gujarat, Bharat
dhanyamfoundation@gmail.com

|| LOKAHA SAMASTHAHA SUKHINO BHAVANTU ||

• 101 •